KB015306

비트겐슈타인 읽기

세창사상가산책22

비트겐슈타인 읽기

초판 1쇄 인쇄 2022년 12월 5일
초판 1쇄 발행 2022년 12월 12일

—

지은이 김이균

펴낸이 이방원

기획위원 원당희

편 집 박은창·김명희·안효희·정조연·정우경·송원빈

디자인 손경화·박혜옥·양혜진   **마케팅** 최성수·김 준·조성규

—

펴낸곳 세창미디어

신고번호 제2013-000003호 주소 03736 서울시 서대문구 경기대로 58 경기빌딩 602호

전화 723-8660 팩스 720-4579 **이메일** edit@sechangpub.co.kr **홈페이지** http://www.sechangpub.co.kr

블로그 blog.naver.com/scpc1992 페이스북 fb.me/Sechangofficial 인스타그램 @sechang_official

—

ISBN 978-89-5586-757-2 04160

978-89-5586-191-4 (세트)

ⓒ 김이균, 2022

이 책에 실린 글의 무단 전재와 복제를 금합니다.

세창사상가산책 | LUDWIG WITTGENSTEIN

비트겐슈타인 읽기

김이균 지음

22

세창미디어
MEDIA

비트겐슈타인을 읽기 전에

1999년 타임지는 20세기의 가장 영향력 있는 인물 100인을 선정한 바 있다. 이들 중 철학자로서는 유일하게 이름을 올린 이가 바로 루트비히 비트겐슈타인Ludwig Josef Johann Wittgenstein이다. 사상의 독창성과 깊이, 그리고 끼친 영향력을 고려할 때 그는 가장 위대한 현대 사상가 중 하나임이 틀림없다. 물론 결은 다르지만, 그의 전·후기 사상은 논리실증주의의 빈학파와 일상언어철학의 옥스퍼드학파를 정초했다고 해도 과언이 아니다. 고대에서 현대에 이르기까지 수많은 탁월한 철학자들이 역사에 이름을 남길 만한 사유의 출발점을 인류에 선사했지만 위대한 사유의 흐름을 하나도 아닌 두 가지나 철학사에 제공한 경우는 유례를 찾아보기 힘들다. 비트겐슈타인은 철학 방법론뿐 아니라 언어철학, 논리학, 수학철학, 심리철학, 종교철학, 윤리학 인식론 등 철학의 여러 분야에서 큰 기여를 했다. 그의 영향력은 문학, 인간학, 사회학, 심리학, 언어학 그리고 예술과 종교에까지 미치기에 이르렀고 그의 업적은 다양한 학문 분야에서 화제의 중심이 되었다. 비트겐슈타인이 사망한 이후 지금까지 그의 사상으로부터 영감을 받은 수많은 학술논문들과 연구서들이 쏟아져 나왔고, 그의 인품과 사상에 대해서 제자들과 지인들이 쓴 다수의 회고록들이 출간되었다. 그리고 그의 삶과 인품을 주제로 하거나 그에게 헌정된 다수의 기사, 수필, 연극, 소설, TV 드라마는 물론이고 심지어 그의 이름을 딴 록 밴드까지 나왔을 정도다. 이것만 보아도 철학 안팎에 미친 그의 막대한 영향력을 가히 짐작할 만하다.

　연구자들은 대부분 비트겐슈타인이 처음 케임브리지로 와서 본격적으로 철학을 시작한 시기부터 『논리−철학 논고 *Tractatus Logico-Philosophicus*』(이하 '논고'로 인용)의 영독 대역본이 출판된 시기까지(1911년에서 1922년까지)를 사상적 발전단계에서 전기 철학으로 보는 것에 동의한다. 하지만 후기 철학의 경우 조금 복잡하다. 어떤 이들은 비트겐슈타인이 다시 케임브리지로 돌아와 철학을 재개하면서 새로운 아이디어를 발전시킨 기간(1929년부터 1935년까지)을 중기로, 새로운 아이디어를 구체화시키고 성숙시킨 시기(1936년부터 1951년까지)를 후기로 구분하기도 한다. 한편, 이 두 시기를 포괄하여 『철학적 탐구 *Philosophical Investigations*』(이하 '탐구'로 인용)에서 발전시킨 새로운 사유로 대변되는 시기 전체를 후기로 보기도 한다.

잘 알려진 바와 같이 비트겐슈타인은 생전에 그의 전기 철학을 대표하는 『논고』와 논리적 형식에 관한 짧은 논문 한 편, 그리고 서평 한 편만을 발표했을 뿐이다. 이후 남은 생애 동안 그는 철학적으로 사색하며 그것을 일기와 노트 형식으로 기록했고, 그 결실로 2만 쪽이 넘는 엄청난 양의 유고Nachlass를 남기게 된다. 1953년에 그의 후기 철학을 대표하는 『탐구』가 출판된 것을 필두로 유고를 이루는 수많은 수기 원고와 타자본 원고들이 편집을 거쳐 출판되었고 최근까지도 지속되고 있다. 그중 적어도 『탐구』의 1부는 비트겐슈타인이 생전에 몇 차례 출판을 결심했을 만큼 완성도 높은 작품이다. 『논고』가 이른바 '그림이론'이라고 알려진 독창적인 아이디어를 중심으로 전개된 그의 전기 철학을 대표하는 작품이라면, 『탐구』는 '언어놀이'라는 또 다른 창의적인 아이디어를 중심으로 전개된 그의 후기 철학을 대표하는 작품이다. 20세기 말 미국과 캐나다의 전문적인 철학자들에게 세기를 대표하는 중요한 책 5권을 선정해 달라고 요청했을 때 『탐구』가 첫 번째로, 그리고 『논고』가 4번째로 뽑힐 만큼 두 책의 중요성과 가치는 아무리 강조해도 지나치지 않다. 이런 이유에서 비트겐슈타인의 철학에 관한 대부분의 연구는 그의 전·후기 사상을 대표하는 두 권의 책에 초점을 맞추고 있다.

하지만 대략 1945년경 『탐구』 1부가 완성된 다음에도 철학에 대한 비트겐슈타인의 열정은 결코 수그러들지 않았고, 심지어 암 투병으로 생사를 넘나드는 생의 마지막 순간까지도 이어졌다. 그리고 그 결과로 그의 사상도 더욱 완숙한 경지에 이르게 된다. 물론 이 시기에 쓰인 『탐구』 2부나 『확실성에 관하여On Certainty』(이하 '확실성'으로 인용)와 같은 텍스트가 일부 학자들의 주장처럼 '제3의 비트겐슈타인'이라고 불릴 만큼 이전 작품과 완전히 단절된 독창성을 지닌 것은 아니다. 그런데도 그가 죽기 이틀 전까지 온 힘을 다해 집필한 내용이 포함된 이 시기의 작품은 그의 철학의 완성기라고 불리기에 충분할 만큼 이전 작품들에서 다뤄진 내용을 진일보시킨 의미 있는 저작들이라고 할 수 있다. 따라서 이 책에서는 비트겐슈타인의 전기 철학을 대표하는 『논고』와 후기 철학을 대표하는 『탐구』의 핵심 내용을 설명하고, 거기에 더해서 『확실성』의 대표적인 주제 일부를 소개할 것이다.

앞서 밝힌 것처럼, 지금까지 출간된 수많은 국내외 연구서와 논문 그리고 자료들은 새로운 안내서가 더 필요하냐는 의문이 생길 정도로 비트겐슈타인의 사상과 삶에 대한 좋은 안내자 역할을 하고 있다. 하지만 그의 사상, 저술방식 그리고 스타일이 워낙 독창적이며 이해하기 힘들고, 그의 전·후기 사상은 각각 서로 다른 두 위대한 사유의 출발점을 제공할 만큼 상이하다. 따라서 그의 주요 저작과 사상에 대해 소개하는 그 어떤 책도 단지 여러 가지 가능한 해석 방법 중 하나를 선택한 것에 불과할 수밖에 없다. 더욱이 그의 사상의 핵심을 적은 분량에 녹여 내고 독자들이 더 잘 이해할 수 있도록 돕는 새로운 안내서를 쓰는 것은 그렇게 쉬운 과제가 아니다. 그래서 적잖은 시간을 많은 고민과 함께 보냈지만, 그에 비해서 턱없이 작은 결실을 내놓게 되어 마냥 아쉽기만 하다. 그동안 인내심을 가지고 기다려 준 세창미디어 관계자분들과 이 책을 보다 편하게 읽을 수 있도록 거친 글을 다듬어 주신 박은창 님, 그리고 나정연 님께도 진심으로 감사드린다. 『탐구』의 머리말에서, 비트겐슈타인은 자신의 글이 다른 사람에게 생각하는 수고를 덜게 하는 것이 아니라 오히려 자신만의 생각에 이르도록 자극하기를 바란다고 밝힌다. 부디 이 책이 비트겐슈타인을 읽으려는 여러분에게, 그가 바라는 바를 성취하도록 돕는 작은 디딤돌이 될 수 있기를 바란다.

1

전기 비트겐슈타인

1

『논리-철학 논고』를 읽기 전에

1) 간추린 생애

루트비히 비트겐슈타인은 1889년 4월 26일에 오스트리아-헝가리 제국의 빈에서 8남매 중 막내로 태어났다. 그의 가문은 전통적인 유대인 집안이었지만, 증조부는 개신교로 개종하였고 루트비히는 가톨릭 신자였던 어머니를 따라 가톨릭교회에서 세례를 받았다. 아버지 카를 비트겐슈타인은 미국의 카네기에 비견될 만큼 그 나라에서 가장 부유한 철강기업가였기 때문에 루트비히는 경제적으로 상당히 부유했고 문화적으로도 특권을 누리며 자랐다. 그의 가족은 요하네스 브람스, 리하르트 슈트라우스, 구스타프 말러와 같은 당대 최고의 음악가들을 정기적으로 자택에 초청해서 연주회를 열 뿐 아니라 오귀스트 로댕, 구스타프 클림트 등 다양한 분야의 예술가를 후원할 만큼 폭넓은 문화적 관심을 갖고 있었다. 하지만 음악적으로 천재적인 능력을 소유했던 형제들에 비해서 루트비히는 상대적으로 특별한 재능을 보이지 못했다. 오히려 공학적인 소질을 보였던 루트비히는 아버지의 뜻에 따라 1903년 린츠에 있는 기술고등학교에 입학한다. 그리고 1906년에는 베를린에 있는 기술전문대학교에 진학해서 2년간 공학을 공부한 후 당시 유망했던 항공공학을 공부하기 위해 1908년 영국으로 건너간다. 맨체스터대학의 공학기술 연구소에 학생으로 등록한 그는 항공공학뿐만 아니라 그와 관련된 수학 강의를 듣게 되면서 점점 수학에 관심을 두게 된다. 특별히 러셀Bertrand Russell의『수학의 원리들』을 읽으면서 항공공학에 관한 그의 관심은 점차 수그러들고 대신 수학철학에 더욱 깊이 빠져들게 된다. 그 후로 비트겐슈타인은 자신이 항공공학에 대한 재능도 관심도 없다는 것을 확신하면서도 공학 연구를 계속했고 급기야 항공기에 응용할 수 있는 프로펠러에 관한 특허까지 얻게 된다. 하지만 그는 이미 철학책을 쓸 마음을 먹을 만큼 철학에서 깊이 빠져있었고, 결국엔 항공공학을 계속 연구할지 아니면 철학을 공부할지의 문제를 두고 심각한 고민에 빠지게 된다. 이런 고민을 해결하기 위해 비트겐슈타인은 러셀과 함께 당대 수학의 원리 연구의 대가였던 프레게Gottlob Frege에게 조언을 구하기 위해 예나로 그를 찾아가게 되고 그때 러셀을 찾아가라는 프레게의 조언에 따라 마침내 1911년에 영국 케임브리지로 가게 된다.

러셀이 자신을 찾아온 22살의 젊은 공학도의 철학적 능력을 즉시 알아본 것은 아니었다. 하지만 그의 잠재력과 천재성을 확인하기까지는 그리 오랜 시간이 걸리지 않았다. 러셀에게 인정받은 비트겐슈타인은 공학을 포기하고 케임브리지대학의 철학도로 변신하게 된다. 1912년 2월에 대학에 등록한 비트겐슈타인은 러셀과 무어 등의 강의를 듣는다. 그곳에서 공부한 것은 1년 정도밖에 되지 않지만 그는 대단한 열정으로 철학 공부에 몰두했다. 같은 해 그는 케임브리지대학의 도덕 과학 클럽에 「철학이란 무엇인가?」라는 제목으로 첫 논문을 제출한다. 이 논문에서 확인할 수 있는 것처럼, 비트겐슈타인은 당시 철학적 문제들의 본성과 그것에 접근하는 방법에 대한 성찰이 얼마나 중요한지를 이미 간파하고 있었다. 실제로 이러한 관심은 그의 사상적 발전 전 과정의 특성으로 자리 잡게 된다. 1913년 그의 천재성과 열정에 반한 러셀은 더 이상 비트겐슈타인을 학생으로 대하지 않고 자신이 집필 중이던 원고를 그에게 보여 주면서 의견을 구하기까지 한다. 이때 비트겐슈타인은 스승에게 거침없는 비판을 쏟아 냈고, 그 충격으로 러셀이 자신의 책을 출판하는 것을 포기했다는 일화는 너무나 유명하다.

같은 해 케임브리지에서 더는 공부할 것이 없다고 느낀 비트겐슈타인은 노르웨이를 여행한 뒤 그곳에 머물면서 논리학과 수학의 기초에 관한 연구에 매진하는 동시에 『논고』의 기초를 형성하는 논리와 언어에 관한 여러 아이디어도 발전시킨다. 그러던 중 1914년 여름 제1차 세계대전이 발발한다. 탈장으로 징집을 면제받았음에도 불구하고 비트겐슈타인은 오스트리아군에 자원입대했고 일부러 가장 치열한 전투가 벌어지는 최전방 배치를 자원했다고 한다. 전쟁 중에도 비트겐슈타인은 톨스토이, 니체 그리고 도스토예프스키 등 실존주의와 종교에 관한 책을 즐겨 읽었다. 특히 톨스토이의 『요약 복음서』를 읽고 매혹되어 모든 구절을 외울 정도로 끊임없이 반복해서 읽었고, 이러한 독서를 통해서 그는 죽음을 직면하는 체험 속에서 최선의 삶을 사는 방법을 찾는 일을 게을리하지 않을 힘을 얻었다고 한다. 그가 자진해서 참전하고 자청해서 최전방에 배치되어 훈장을 받을 정도로 치열한 전투에서 공을 세운 것도 이러한 배경에서 이해할 수 있다. 한편, 참전 중에도 비트겐슈타인은 논리와 언어에 관한 생각을 지속적으로 발전시켰고 그것을 일기장에 기록했다. 그 결과로 1918년 10월에 이탈리아에서 전쟁포로가 되었을 때 그의 배낭 속에는 두 달 전에 이미 완성한 『논고』의 수사본이 있었다. 이 책은 노르웨이에서부터 5년간의 참전 생활을 포함한 총 6년간 비트겐슈타인이 집필한 철학적 사색의 결실이다. 비트겐슈타인은 수용소에서 이 책의 복사본을 자신의 철학에 깊은 영향을 미친 러셀과 프레게에게 보내지만, 그들이 책의 내용을 전혀 이해하지 못한 것에 대해 크게 실망하게 된다.

2) 『논리-철학 논고』의 특징

『논고』는 비트겐슈타인이 생전에 출판한 유일한 책으로 분량이 79쪽에 불과하고 그나마 대부분이 한두 문장으로 이루어진 525개의 짧은 진술로 이루어졌다. 하지만 『논고』는 기존의 전통 철학을 정면으로 부정했다고 할 만큼 충격적인 내용을 담고 있을 뿐만 아니라 서양에서 출판된 철학책 중 가장 스타일이 독특하고 이해하기 힘든 책으로 유명하다. 젊은 비트겐슈타인은 프레게와 러셀로부터 배웠고 『논고』에서 다루고 있는 문제들 역시 부분적으로 그들로부터 물려받은 것이지만, 그들조차도 『논고』를 이해하지 못했을 정도로 내용이 극도로 난해하다. 『논고』를 이해하기 어렵게 만드는 요소는 또 있다. 이 책의 몇몇 곳에서 비트겐슈타인은 스스로가 모순에 빠진 것처럼 보이기도 하고 다른 곳에서 자신이 언급한 것을 스스로 철회하는 것처럼 보이기도 한다. 실제로 이런 문제들 때문에 비트겐슈타인 연구자들조차도 최근까지 이 책의 기본적인 성격에 대해서 좀처럼 합의에 이르지 못하고 있다. 더욱이 이 책의 여러 곳에서 러셀과 화이트헤드의 공저인 『수학 원리』의 표기법에 따른 논리학 기호와 비트겐슈타인 자신이 개발한 비표준적인 기호들뿐만 아니라 상당수의 전문적인 개념들이 사용되고 있어 난해함을 더욱 가중시킨다. 이 책을 이해하기 어렵게 만드는 보다 심각한 이유는 전형적인 철학책과는 거리가 먼 스타일 때문이다. 중심이 되는 주장이나 핵심 주제에 대한 설명이라고는 머리말에 쓴 세 줄의 짧은 언급이 고작이다. 더욱이 장절의 구분도 없고 대부분의 절들이 한

두 줄의 선언 같은 명제들로 이루어질 만큼 지나치게 간결하며, 논증도 거의 찾아볼 수 없다. 필사본 원본에는 목차도 없고 참고 문헌도 없으며 인용된 작품에 대한 참고 표시도 없다. 오직 머리말에 언급된 프레게와 러셀의 영향에 대한 감사 표시가 전부다. 각주는 두 개가 전부이며 그마저도 하나는 러셀이 나중에 삽입한 것이다.

특별히 『논고』의 각 문장에 붙은 낯선 번호 체계는 처음 읽는 독자들에겐 누구나 당황스러울 수밖에 없다. 하지만 이 번호 체계를 이해하는 것은 『논고』의 편집 구성을 이해하는 데 상당히 중요하다. 『논고』 첫 페이지에 삽입한 유일한 각주에서 비트겐슈타인은 일련번호 방식의 기능에 대해서 설명한다. 이 설명에 따르면, 1에서 7까지의 단수 번호가 붙은 명제들이 가장 중요한 것들이고, 1.1, 1.11 등 소수점 이하로 복수 번호가 붙은 명제들은 단수 번호가 붙은 명제들의 확장 내지 주석이다. 1.1, 1.2는 1에 대한 주석이고 1.11, 1.12는 1.1에 대한 주석인 셈이다. 그래서 한 문장은 바로 위에 있는 문장과 직접적으로 연결된 것이 아니라는 점에 유의해야 한다. 예를 들면, 4.02는 4.016 바로 다음에 위치하지만 그 내용은 4.01과 연결된다. 그래서 4.02에 등장하는 "이것"이 지시하는 것은 다름 아닌 4.01의 문장이다. 이 규칙을 따르면, 단수 번호가 붙은 7개의 명제를 나열함으로써 우리는『논고』의 핵심 구조를 이끌어 낼 수 있어야만 한다. 하지만 이 중요한 7개의 명제들을 연결할 수 있는 하나의 해석을 찾기는 힘들다. 첫 6개 명제는 서로 잘 연결되어 있어서 비트겐슈타인이 의도한 사유의 흐름을 찾기는 그리 어렵지 않다. 반면 6번 진술에서 7번 진술에로의 이행은 그야말로 곤혹스럽다. 두 진술은 논리적으로 전혀 연결되어 있지 않다. 1번에서 6번까지의 명제들과 조화를 이룰 수 있는 7번 명제에 대한 해석은 찾기 어렵다. 만일 어떤 책에서 저자가 일련번호를 사용한다면, 대체로 그것은 독자들이 책의 기본적인 개념 구조를 쉽게 파악하게 하려는 의도에서이다. 하지만『논고』의 일련번호 방식은 일관된 논지를 제공하지 않는다. 따라서『논고』의 번호 체계는 저자가 전개한 사고의 흐름을 추적하는 데 상당히 중요하지만 적어도 독자를 배려한 스타일이 아니라는 점은 분명하다.

저자의 이름이 아직 알려지지 않았을 뿐 아니라 내용과 스타일도 극도로 난해하고 예외적인 책을 어느 출판사에서도 출판하려 하지 않았다. 심지어 『논고』를 출판해 줄 잠재적인 출판사와 서신을 주고받으면서 비트겐슈타인은 자신의 책이 어려워서 사람들이 읽어도 얻는 게 별로 없고, 그래서 읽으려 하는 사람이 거의 없을 것이기 때문에 출판으로 수익을 내지 못할 것이라고 솔직하게 말했다고 한다. 이런 이유로, 그가 2년이 넘도록 『논고』를 출판할 출판사를 찾지 못했던 것은 결코 놀라운 일이 아니다. 하지만 스승이었던 러셀이 영향력을 발휘해 준 덕분에 1921년 독일어 원본이 출판되었고 그가 쓴 해제를 함께 싣는 조건으로 1922년에 드디어 독영 대역본이 출판된다. 이 대역본의 영어 번역은 당시 18세였던 케임브리지대학의 젊은 학생 램지Frank Ramsey가 맡았지만 출판의 전 과정에서 주도적인 역할을 한 옥덴C. K. Ogden이 번역자로 표시되어 출판된다. 이 번역본은 비트겐슈타인이 실제로 번역에 자신의 의견을 제시했다는 이유로 권위를 인정받고 있다. 우리에게 잘 알려진 『논고』의 또 다른 대표적인 영어 번역으로는 옥덴의 번역을 보완하기 위해 1961년에 출판된 피어스D. F. Pears와 맥긴네스B. F. McGuinness의 번역본이 있다. 이 번역은 단지 이전 번역본의 거친 번역을 부드럽게 한 것뿐만 아니라 일부 핵심 용어들을 다르게 번역할 만큼 부분적이나마 다른 철학적 관점을 가지고 있는 것도 사실이다. 따라서 이 두 번역을 읽거나 그것들에 기반을 둔 다른 연구 자료를 읽을 때 번역의 일관성에 유의하는 것이 필요하다.

3) 전기 철학관

청년 비트겐슈타인은 철학을 '언어 비판'(논고 4.0031)이라고 정의하고 철학의 목표를 '사고의 논리적 명료화'(논고 4.112)라고 선언한다. 그는 왜 철학의 정의와 목표를 이렇게 정했을까? 그리고 이 정의와 목표에 따라 이루어지는 철학 작업은 이전의 철학과 무엇이 다르고, 그것이 왜 필요한 걸까? 이 질문에 한마디로 답한다면, 언어가 사고를 위장하기 때문이다.(논고 4.002) 하지만 이 문제는 비트겐슈타인에게 직접적인 영향을 준 러셀이나 프레게가 생각한 것처럼 일상언어가 우리의 사고를 표현하는 데 부적절해서가 아니다. 그들은 명제의 겉으로 드러난 논리적 형식이 반드시 그것의 실제 형식이 아닐 수 있고, 따라서 일상언어가 철학적 문제를 해결하기에는 결함이 있다는 것을 간파했다.(논고 4.0031) 그래서 그들은 일상언어의 모호성과 애매성을 제거한 이상적인 인공언어를 만들어서 언어가 사고를 위장하는 것을 막으려고 시도한다.(논고 3.325) 비트겐슈타인은 비록 이들의 시도가 완전하지는 못했지만 어려운 철학적 문제를 해결하고자 하는 그들의 논리학과 이론의 독창성에 깊은 감명을 받았고, 자신의 사고가 그들에게 크게 빚지고 있음을 고백한다.(논고 머리말)

논리적 분석을 통해 기존의 철학 문제를 해결할 수 있다고 본 점에서 이 두 철학자와 비트겐슈타인의 출발점은 같지만, 『논고』에서 비트겐슈타인이 보여 준 구체적인 해결방식은 여러 측면에서 그들과 달랐다. 우선 비트겐슈타인이 보기에, 비록 일상언어가 논리를 숨기고 있어 사고를 위장하지만(논고 4.002), 일상언어의 모든 명제는 그 자체로 논리적으로 완전하게 질서를 갖추고 있다.(논고 5.5563) 따라서 그는 러셀과 프레게처럼 일상언어의 한계를 극복하기 위해 기호논리학에 기반해서 이상적인 인공언어를 만들어 대체하는 대신, 일상언어가 잘못 사용되어 야기되는 사이비 문제를 해소하는 과제에 집중한다. 그에 따르면, 종래의 철학은 언어의 논리가 허용하는 한계를 넘어 말로 담을 수 없는 것을 표현하려고 시도

했다. 그래서 그는 철학을 언어와 사고의 한계를 드러내는 활동으로 규정하면서, 언어 비판을 통해 유의미하게 말할 수 있는 범위를 정하고 그것을 통해 궁극적으로는 사고할 수 있는 범위를 정하려고 한다. 그런데 왜 비트겐슈타인은 언어의 한계를 통해서 사고의 한계를 정하려고 했을까? 그는 그 이유를 『논고』의 머리말에서 다음과 같이 설명한다.

그러므로 이 책은 생각에 한계를 그으려고 한다. 또는 차라리
―생각이 아니라 사고의 표현에: 왜냐하면 생각에 한계를 그으려면 우리는 이 한계의 양 측면을 모두 생각할 수 있어야 하기 (따라서 우리는 생각될 수 없는 것을 생각할 수 있어야 하기) 때문이다. 따라서 한계는 오직 언어에만 그어질 수 있으며, 그 한계 저쪽 편에 있는 것은 단순히 무의미가 될 것이다.

만일 우리가 두 나라 사이에 경계를 표시하려 한다면, 두 나라가 표시된 지도 위에 경계선을 긋는 것으로 충분하다. 하지만 우리가 생각할 수 있는 범위를 정하려면 그것을 지도상의 나라처럼 단순히 경계선을 긋는 것으로 표시할 수 없다. 왜냐

하면 생각할 수 있는 범위를 정하려면 생각할 수 있는 것을 그럴 수 없는 것과 대조해야 하고, 따라서 생각할 수 없는 것까지 생각할 수 있어야 하는데 이것은 불가능하기 때문이다.

우리가 생각할 수 있는 모든 것은 언어로 표현될 수 있다.(논고 4.116) 반면 우리는 우리가 생각할 수 없는 것을 생각할 수 없고, 그것을 말할 수도 없다.(논고 5.61) 따라서 비트겐슈타인은 생각할 수 있는 한계를 직접 긋는 대신 우리의 생각을 담아낼 수 있는 유의미한 언어와 그럴 수 없는 무의미한 헛소리 사이의 경계를 밝혀, 궁극적으로는 생각할 수 있는 한계를 그으려는 기발한 전략을 세운다. 언어의 한계를 밝히고 이를 통해 사고의 범위를 확정하려는 비트겐슈타인의 전략은 이성의 한계를 규정하려 했던 칸트의 전략과 상당히 유사하다. 차이가 있다면, 칸트의 관심이 우리가 외부 세계에 대한 인식을 얻기 위해 필요한 인식론적 조건에 있었다면, 비트겐슈타인의 관심은 "어떻게 세계에 대해 우리가 유의미하게 말할 수 있는가?"하는 의미론적 조건에 있다. 그래서 칸트가 과학이 '알 수 있는' 영역과 그럴 수 없는 영역의 인식론적 경계에 관심을 가졌다면, 비트겐슈타인은 과학이 '말할 수 있는' 영역과 그럴 수 없는 영역의 의미론적 경계에 관심을 집중한다. 칸트는 세계에 대한 과학적 지식을 인정하고 그것의 가능 조건에 관한 자신의 설명을 '선험적 논증'이라고 부른다. 그렇다면 과학적 명제가 유의미함을 전제하고 그것이 세계에 대해 유의미하게 말할 수 있는 가능 조건을 기술하는 비트겐슈타인의 입장을 우리는 '언어의 의미에 관한 선험적 논증'이라고 부를 수 있을 것이다.

그런데 왜 비트겐슈타인은 사고를 담을 수 있는 유의미한 언어와 그럴 수 없는 무의미한 헛소리 사이에 경계 짓는 것을 『논고』의 목표로 삼았을까? 그것은 지금까지 아무런 문제도 없어 보였던 많은 철학적 명제들이 사실은 유의미하게 말할 수 있는 언어의 한계를 넘어선 무의미한 헛소리에 불과하고, 따라서 무의미한 헛소리로 이루어진 철학적 문제들 역시 무의미한 사이비 문제이기 때문이다. 지금까지 철학자들은 언어의 논리가 허용하는 범위를 넘어서 언어를 사용함으로써 무의미한 문장들로 구성된 사이비 철학적 문제를 만들고, 또 그것에 답하려고 시간을 낭비했다. 이러한 사이비 철학 문제들은 기존 철학자들이 시도한 것처럼 또 다른 무의미한 헛소리로 이루어진 철학적 이론을 만들어서 해결solution될 수 없다. 오히려 문제 자체를 해소dissolution해 버림으로써 철학자들이 다시는 그것들 때문에 곤혹스러워하고 혼란에 빠지지 않도록 예방해야 한다. 그러므로 이제 비트겐슈타인에게 철학은 우리가 말할 수 있는 한계를 명료하게 밝히고 그 한계를 넘는 일체의 월권적인 언어사용을 비판하는 '언어 비판활동'이 되어야 한다. 이제 "철학은 교설이 아니라 활동이다."(논고 4.112) 철학은 지금까지 제기되었던 수많은 철학적 문제들이 언어의 논리를 오해해서 생긴 사이비 문제들이었음을 밝히고, 더는 그것들을 해결하려고 곤혹스러워하지 않도록 철학자들을 해방시키는 활동이 되어야 한다. 그리고 이러한 철학 활동의 결과는 철학적 이론을 이루는 "철학적 명제들"이 아니라 오히려 철학적 문제들을 일으킨 오해를 제거하는 "명제들의 명료해짐"(논고 4.112)이 되어야 한다. 이렇게 언어에 대한 논리적 분석을 통해 철학적 문제들이 사이비 문제에 불과하다는 사실을 밝히려는 시도가 성공한다면, 다음엔 무엇을 해야 할까? 아마도 철학 활동은 더 이상 필요가 없을 것이고 사실상 종료될 것이다. 실제로 비트겐슈타인은 이러한 철학 활동을 목적으로 쓴 『논고』

의 머리말에서 자신의 시도가 성공했고, 본질적인 점에 있어서 철학적 문제들을 최종적으로 해결했다고 확신한다.

2
명제의 뜻과 '그림' 아이디어

1) 지시의미론의 한계와 러셀이 남긴 과제

명제는 우리에게 어떤 상황을 전달한다.(논고 4.03) 그래서 우리는 일상에서 세계를 이해하고, 그 이해한 바를 언어로 표현하며 서로 소통할 수 있다. 하지만 이러한 사실에 경이로움을 느끼며 도대체 그것이 어떻게 가능한가를 진지하게 묻고 답하려는 사람은 거의 없다. 흔히 철학은 너무나 익숙한 것들을 경이로움을 가지고 새롭게 바라보는 데에서 시작한다고 말하는데, 비트겐슈타인도 우리가 일상에서 너무나도 당연하게 여기는 언어와 세계의 관계에 대해서 새삼 질문을 던진다. 우리는 어떻게 언어로 세계에 대해 무엇인가를 말할 수 있는

가? 도대체 명제란 무엇이기에 우리가 마주하는 현실과 관계를 맺고, 그것을 있는 그대로 묘사할 수 있는가? 이 질문에 대해 우리가 우선적으로 고려할 수 있는 답은 명제를 하나의 이름name처럼 보는 것이다. 이름이 어떤 대상을 가리키면서 의미를 얻는 것처럼, 한 명제의 뜻sense도 그것이 지시하는 어떤 현실이라고 생각하는 것이다. 언뜻 보기에 이 설명은 이해하기도 쉽고 우리의 상식과도 부합하는 것처럼 보이지만 치명적인 약점이 있다. 첫째, 우리가 새롭거나 낯선 이름을 이해하려면 그 이름의 의미가 우리에게 설명되어야 한다. 다시 말해서 우리는 그 이름이 가리키는 대상이 무엇인지를 먼저 배워야 한다. 하지만 명제의 경우는 다르다. 이전에 알지 못하던 어떤 명제의 뜻이 설명되지 않아도 우리는 그것을 이해할 수 있다.(논고 4.02) 심지어 우리에게 새로운 뜻을 전달해 주는 것이 명제의 본질이라고까지 말할 수 있다.(논고 4.027) 따라서 만일 명제가 이름과 같은 방식으로 현실에 대응한다면 도대체 이러한 명제의 특징들이 어떻게 가능한지 설명할 수 없게 된다.

둘째, 하나의 명제는 비록 그것이 거짓이라도 완벽하게 뜻을 갖는다. 하지만 만일 명제가 이름과 같은 방식으로 현실에 대응한다면, 우리는 이 또한 어떻게 가능한지 설명할 수 없다. 이름의 의미는 그것이 가리키는 대상이고, 따라서 만일 한 이름이 가리키는 대상이 없다면 그것은 텅 빈 이름으로 더는 의미가 있을 수 없다. 명제가 이름과 같은 방식으로 현실에 대응한다고 가정하고 "철수가 영희를 좋아한다"라는 명제를 생각해 보자. 만일 이 명제가 거짓이면, 그것이 가리키는 '철수가 영희를 좋아하는' 상황은 없을 것이고, 따라서 명제는 의미가 없는 공허한 명제가 될 것이다. 하지만 이 명제가 거짓이어도 뜻을 가질 수 있고, 그것의 의미가 설명되지 않아도 충분히 이해될 수 있다는 것은 분명하다. 이런 이유에서 명제와 그것이 전달하는 현실 사이의 관계는 이름과 그것이 가리키는 대상 사이의 관계와 다르다는 것을 보여 줄 수 있는 대안적 설명이 필요하다.

1912년 비트겐슈타인이 케임브리지에 도착했을 무렵, 러셀은 자신이 이 문제에 대한 해결책을 가지고 있다고 확신했다. 그는 하나의 대안으로 '다중관계 판단이론'을 제시한다. 이 이론에 따르면, 판단은 주체와 주체의 판단을 구성하는 다양한 대상들 사이의 다중관계로 이루어진다. 예를 들어, 명호가

"철수가 영희를 좋아한다"라고 믿는다고 가정해 보자. 하지만 명호의 믿음은 거짓이고, 따라서 '철수가 영희를 좋아하는' 상황도 없다. 러셀에 따르면, 그런데도 명호가 거짓인 믿음을 가질 수 있는 이유는 믿음이 주체(명호)와 그의 믿음을 구성하는 '철수', '영희' 그리고 '좋아함의 관계'라는 세 대상 사이에서 발생 가능한 다중관계로 이루어지기 때문이다. 즉, 믿음의 관계는 명호가 믿는 방식으로 그의 믿음의 대상들('철수', '영희' 그리고 '좋아함의 관계')이 실제로 관계를 맺지 않아도 믿는 사람(명호)과 믿음의 대상들을 특정 방식으로 결합시켜 분명한 내용과 뜻을 갖는 거짓 명제를 만들 수도 있다는 것이다. 하지만 비트겐슈타인은 이러한 러셀의 주장도 받아들일 수 없었다. 명제는 우리에게 어떤 상황을 표현하고, 그래서 본질적으로 상황과 관련돼야만 한다.(논고 4.03) 그런데 러셀의 주장처럼 판단 주체와 그의 판단을 구성하는 개별 대상들이 임의로 결합하여 이루는 복합체가 하나의 판단이고, 그 판단의 명제도 단순히 '낱말들의 혼합물'(논고 3.141)이나 '이름들의 집합'(논고 3.142)에 불과하다면 아직은 그것이 무엇인가를 말한다고 할 수 없을 것이다. 이유는 그 판단이나 명제의 구성 요소가 무의미하게 결합될 가능성을 충분히 상상할 수 있기 때문이다. 예를 들어, "좋아함은 철수를 영희한다"와 같은 식으로 말이다. 따라서 러셀의 주장은 '철수'와 '영희' 그리고 '좋아함'이 "철수가 영희를 좋아한다"와 같은 유의미한 방식으로 결합해서 어떤 상황을 전달할 수 있지만, 그것들이 애초에 "좋아함은 철수를 영희한다"처럼 아무런 뜻도 없이 무의미하게 결합하는 것이 불가능한 이유를 설명할 수 없다.(논고 5.5422)

이러한 비판에 답하기 위해서 러셀은 다시금 자신의 이론을 부분적으로 수정한다. 수정된 이론에 따르면, 판단을 구성하는 개별 요소들을 유의미하게 결합하는 질서는 판단 주체의 행위에 의존하는 것이 아니라 주체가 외부로부터 직접 경험하는 것이다. 판단의 대상들(철수, 영희, 좋아함)뿐만 아니라 그것들이 결합 가능한 형식을 외부로부터 직접 경험하기 때문에, 우리는 "철수가 영희를 좋아한다" 혹은 "영희가 철수를 좋아한다"는 판단을 할 수 있지만 "좋아함은 철수를 영희한다"와 같은 무의미한 판단을 결코 할 수 없다는 것이다. 하지만 비트겐슈타인은 이러한 수정된 러셀의 이론에도 여전히 만족할 수 없었다. 첫째, 러셀의 수정된 입장은 명제의 뜻을 이해하는 데 명제를 구성하는 구성 요소들 외에도 외부로부터 그것들을 결합하는 논리적 형식을 직접 경험해야 한다는 추가적인 전제를 요구하기 때문이다. 둘째, 그것은 일상적인 판단 속에서 발견되는 '혹은or', '그리고and', '만일 …이면 …이다if…then…' 등과 같은 논리적 상항들logical constants을 이해하기 위해서 그것들에 대응하는 대상들의 존재를 상정해야 하는 형이상학적 문제와 그것들을 직접 경험할 수 있는 특별한 직관 능력을 상정해야 하는 인식론적 문제까지도 감수해야 한다. 비트겐슈타인은 우리가 지각할 수 있는 세계 너머 어디엔가 이러한 논리적 대상들이 존재해야 하고, 그것들에 대한 예외적인 경험 능력을 상정하는 러셀의 의견에 결코 동의할 수 없었다.

2) 비트겐슈타인의 '그림' 아이디어

이제 비트겐슈타인이 풀어야 할 과제는 이전에 알지 못하던 어떤 명제의 뜻이 설명되지 않아도 우리가 그것을 이해할 수 있는 이유와 한 명제가 거짓이라도 완벽하게 뜻을 갖는 이유, 그리고 명제 안에서 낱말들이 무의미하게 결합될 가능성이 원천적으로 배제되는 이유를 추가적인 전제 없이 설명하는 것이다. 이를 위해 그는 언어와 세계 사이의 근본적인 관계를 하나의 '그림 관계picturing relation'로 보는 이른바 '그림이론'이라고 알려진 흥미로운 아이디어를 제시한다. 『논고』의 핵심을 이루는 이 아이디어는 프레게나 러셀에게서 결코 찾아볼 수 없는 독창적인 주장이다. 비트겐슈타인이 이 아이디어를 떠올리게 된 것은 제1차 세계대전에 참전 중이던 어느 날 프랑스 파리에서 일어난 자동차 사고에 관한 소송 기사를 읽으면서였다고 한다. 그 기사에 따르면, 소송이 진행되던 법정에 실제 사고 현장을 재현하기 위해 모형이 전시되었는데 모형 하나하나가 실제 사건 현장에 있던 사람, 자동차 그리고 건물과 도로 등을 정확하게 재현했다고 한다. 여기서 영감을 얻은 비트겐슈타인은 우리가 사용하는 명제도 이런 실제 상황을 재현하는 모형과 유사한 역할을 할 것이라고 생각한다. 즉, 명제가 현실을 재현하는 방식은 그림이나 3차원 모형이 현실을 재현하는 것과 본질적으로 같다는 것이다. 바로 이것이 언어의 의미에 대한 『논고』의 설명 이면에 놓인 본질적인 직관이다. 우선 그림 일반에 관해 비트겐슈타인이 생각하는 핵심적인 아이디어들을 살펴보자.

그림은 현실의 모형이다.(논고 2.12)

그림 안에서 그림의 요소들은 대상들에 대응한다.(논고 2.13)

그림은 그 요소들이 특정 방식으로 상호 관계를 맺는 것으로 이루어진다.(논고 2.14)

각 그림이 [⋯] 현실을 재현할 수 있기 위해서 그것과 공유해야 하는 것은 논리적 형식, 즉 현실의 형식이다.(논고 2.18)

'그림'은 독일어 'Bild'의 한글 번역이다. 'Bild'의 영어 번역인 'picture'가 어원적으로 회화 내지 그림과 관련되는 반면, 'Bild'는 특정 방식으로 이루어진 '구성composition' 내지 '형성formation'과 연결된다. 따라서 'Bild'는 자연스럽게 '모형model'이라는 개념에 닿을 수밖에 없고, 비트겐슈타인도 "그림은 현실의 모형이다"라는 표현으로 이 점을 강조하고 있다. 모든 그림(모형)의 핵심적인 특징은 그것을 이루는 요소가 특정한 방식으로 서로 관계를 맺는 데 있다. 법정에 전시된 모형 하나하나가 특정 방식으로 서로 관계를 맺도록 배열됨으로 인해서 사람, 자동차 그리고 건물과 도로 등으로 이루어진 실제 교통사고 현장이 정확하게 재현되는 것처럼, 모든 그림(모형)은 구성 요소들의 단순한 혼합물이 아니라 그것들이 특정 방식으로 결합하여 이루어지는 것이다. 그리고 모든 그림(모형)이 이렇게 특정 방식으로 결합되어 있다는 것은 그것이 재현하는 사실을 구성하는 요소들 역시 같은 방식으로 서로 결합되어 있다는 말이다.(논고 2.15) 한마디로 그림은 특정 방식으로 분절된 하나의 '사실Tatsache'을 있는 그대로 재현하는 또 다른 분절된 '사실'인 셈이다.

이처럼 모든 그림은 그것이 재현하는 것과 대응관계에 있어야 하고, 이러한 대응관계가 가능하기 위해서 양자 사이에는 공통된 형식이 있어야 한다. 비트겐슈타인은 이러한 회화적 재현의 일반적 특성을 3차원적 모형, 지도 그리고 음악 악보 등 모든 종류의 재현에도 적용할 수 있다고 생각한다. 예를 들어서, 작곡가는 악상이 떠오르면 그것을 악보로 옮기고, 연주자는 그 악보를 보고 연주한다. 이것이 가능한 이유는 악상과 악보 그리고 연주된 음향은 서로 이질적이지만 모두 공통적인 논리적 구조를 가지기 때문이다.(논고 4.014, 4.0141) 회화, 3차원 모형, 지도 그리고 음악 악보 등 모든 종류의 그림이 현실을 재현하기 위해 현실과 공유해야 하는 것이 바로 '논리적 형식'이다. 한마디로 '논리적 형식'이란 현실을 재현하기 위해 각종 그림이 현실과 공유해야만 하는 것으로(논리 2.18), 그림과 현실 사이에 공유되는 가장 일반적인 재현 형식을 기술하기 위해 비트겐슈타인이 사용한 개념이다. 이렇게 현실을 그리는 그림의 재현 형식이 논리적 형식이므로 모든 그림은 논리적 그림이 된다.(논고 2.181, 2.182) 논리적 그림은 묘사하는 상황의 논리적 가능성을 포함한다.(논고 2.203) 다시 말해서 그림은 실제로 일어난 현실뿐 아니라 실제로 일어나지는 않았지만 논리적으로 가능한 상황을 묘사할 수도 있다는 말이다.(논고 2.201) 여기서 '상황Sachlage'은 존재하는 사태들과 실제로 존재하지 않지만 논리적으로 충분히 상상 가능한 사태들을 모두 포괄하는 논리적 공간 속의 상황이다.(논고 2.11) 그림은 논리적 공간 속에 들어 있는 가능한 하나의 상황을 묘사할 수 있기 때문에 참이거나 거짓일 수 있다.(논고 2.202, 2.21) 만일 실물의 각 요소가 실제로 그림이 그리는 것처럼 서로 결합되어 있으면 그 그림은 참이거나 올바르고, 그렇지 않으면 그림은 거짓이거나 올바르지 않다.(논고 2.222) 이렇게 그림은 실현되지 않았으나 논리적으로 가능한 상황을 그릴 수 있지만 애초에 논리적으로 불가능한 배열 내지 결합을 결코 묘사할 수 없다. 예를 들어서, "우리는 물리학의 법칙에 모순되는 사태를 공간적으로 묘사할 수 있지만, 기하학의 법칙에 모순되는 사태는 그렇게 할 수 없다."(논고 3.0321) 이런 의미에서 모든 그림이 공간적 그림이 될 수는 없지만, 모든 그림은 논리적 그림이다.(논고 2.182)

3
언어와 세계의 관계

1) 세계의 구조에 관하여

비트겐슈타인은 어떻게 언어와 세계가 대응할 수 있는지, 어떻게 하나의 명제가 현실의 모형 내지 그림이 될 수 있는지 설명하기 위해서 세계에 관한 존재론적인 이야기(논고 1-2.063)

로 『논고』를 시작한다.

세계는 발생하는 모든 것이다.(논고 1)

세계는 사실들의 총체이지, 사물들의 총체가 아니다.(논고 1.1)

발생하는 것, 즉 사실은 사태들의 존립이다.(논고 2)

사태는 대상들(존재자들, 사물들)의 결합이다.(논고 2.01)

비트겐슈타인에 따르면, "세계는 사실들의 총체이지, 사물들의 총체가 아니다."(논고 1.1) 세계는 사실들로 구성되고, 사실은 사태들, 사태는 대상(사물)들의 결합으로 이루어진다.(논고 1.1, 2, 2.01). 그렇다면 여기서 한 가지 의문이 생긴다. 세계는 궁극적으로 대상(사물)들의 총체라고 볼 수 있는데, 왜 군이 세계를 사실들의 총체라고 해야 할까? 세계를 사실의 총체로 보는 것이 사물의 총체로 보는 것과 무엇이 다르고 왜 중요할까? 고대에서 현대에 이르기까지 수많은 철학자들이 과연 세계는 무엇으로 이루어져 있느냐는 질문을 끊임없이 던지고 답하려고 시도했다. 비트겐슈타인도 마찬가지다. 하지만 그는 세계를 구성하는 기초적인 것들이 과연 '무엇'인지에 관심을 두기보다는 그것들이 '어떻게' 있는지에 관심을 가지면서 세계를 조금 다르게 바라본다. 그에게 세계는 근본적으로 '구조적'이다. 세계는 사물들의 단순한 집합이 아니다. 오히려 그것들이 특정한 방식으로 배열된 기초적 사실들이 다시금 서로 결합하여 만들어 낸 복잡한 사실들로 이루어진 방대한 구조물이다. 예를 들어보자. 조 바이든이 2020년 미국 대선에서 승리했다는 것은 하나의 단순한 사실처럼 보이지만 실제로는 그렇지 않다. 그것은 공화당의 대통령 후보로 현직 대통령이었던 도널드 트럼프가 재출마했다는 사실, 민주당의 대통령 후보로는 전직 부통령이었던 조 바이든이 출마했다는 사실, 미국 대선 선거법상 전국 득표율과 상관없이 선거인단 538명 가운데 과반수인 270명 이상을 확보한 후보가 대통령으로 선출된다는 사실, 50개 주 대부분이 한 표라도 더 많이 받은 후보가 그 주의 선거인단을 모두 차지하는 '승자독식제'를 채택하고 있다는 사실과 이 조건을 바이든 후보가 충족했다는 사실, 그리고 트럼프 대통령이 선거 결과에 불복하고 소송을 제기했지만 결과는 변하지 않았다는 사실 등 보다 기초적인 사실들로 분석되거나 분해될 수 있는 복잡한 사실들이다. 마찬가지로 지금까지 우리가 단순한 것으로 여겼던 수많은 사실도 실제로는 보다 기초적인 사실들로 분석될 수 있는 복잡한 사실이라고 생각할 수 있다. 하지만 어떤 사실에 대한 이러한 분석은 무한히 계속될 수 없으므로 언젠가 더 이상 분석될 수 없는 가장 기초적인 사실에 이르게 될 것이다. 비트겐슈타인은 이렇게 논리적으로 요청되는 가장 기초적인 (가능한) 사실을 '사태Sachverhalt'라고 부른다.

여기서 독자들의 혼란을 막기 위해 '사태Sachverhalt'에 관한 추가적인 설명이 필요하다. 옥덴은 독일어 'Sachverhalt'를 'atomic fact(원자 사실)'로 번역한 반면, 피어스와 맥긴네스는 'state of affairs(사태)'라고 번역한다. 'atomic fact(원자 사실)'은 'atomic'이 어원상 '불가분리성'을 의미하고, 따라서 분석의 최종 단계에서 만나는 '최고로 단순함'을 뜻한다는 점에서 충분히 매력적인 번역이다. 즉, 원자 사실은 단순 사실이고 사실은 복합 사실로 구분할 수 있다. 하지만 독일어 'Sachverhalt'는 어원적으로 '배열'의 의미가 있는 것을 고려할 때 'state of affairs'라는 영어 번역이 더 자연스럽다. 그리고 결정적으로 비트겐슈타인은 사실Tatsache을 사태들Sachverhalten의 존립으로 정의한다.(논고 2) 이렇게 '사실'이라는 표현이 '존립'을 전제한다는 점을 고려하면 'Sachverhalt'를 '원자 사실'로 번역하는 것은 혼란스러울 수 있다. 또한 하나의 사실이 복수의 사태들의 존립이라면, 원자 사실은 단 하나의 사태의 존립이다. 이런 점들을 고려할 때 'Sachverhalt'는 '원자 사실' 대신 '사태'로 번역하는 것이 더 적절해 보인다. '사태'는 단순성과 가능적 사실이라는 두 측면을 동시에 강조할 수 있는 이상적인 'Sachverhalt'의 번역으로 보이기 때문이다. 세계는 복잡한 사실들로 이루어지고, 복잡한 사실들은 궁극적으로 존립하는 사태들이 모여 이루어진다. 그리고 하나의 사태는 단순한 대상들이 특정 방식으로 사슬고리처럼 결합되어 이루어진다.(논고 2.01, 2.03) 여기서 비트겐슈타인이 말하는 대상(사물)은 부분을 갖지 않기 때문에 복합적일 수 없는 단순한 것이다.(논고 2.02, 2.021) 그리고 대상은 세계를 구성하는 실체로 독립적으로 존립하며, 확정적이고 항상 존속한다.(논고 2.021, 2.024, 2.027) 여기서 우리가 예상할 수 있는 것처럼, 비트겐슈타인이 생각하는 '대상'은 책상, 나무, 사람, 도시처럼 우리가 일상적으로 경험하고 이해하는 일반적인 대상이 아니다. 그것들은 순수하게 논리적으로 요청되는 것이다.

이렇게 확고하고 단순한 실체로서의 대상들이 항상 존속해야 하는 것이 논리적으로 요청되는 이유는 무엇일까? 그것은 바로 세계를 이루는 사실들이 논리적 공간 속에 있기 때문이다.(논고 1.13) 『논고』의 체계는 오직 '논리적 필연성'만을 인정한다.(논고 6.375) 그래서 논리에는 아무것도 우연적일 수 없다.(논고 2.012) 여기서 비트겐슈타인은 논리적으로 가능하지 않았던 것이 가능하게 되는 가능성 자체를 완전히 배제하는 것처럼 보인다. 이런 의미에서 넓은 의미의 세계 또는 실재는 가능한 '논리적 공간'과 일치한다. 넓은 의미에서 세계의 한계는 곧 논리의 한계가 되기 때문이다.(논고 5.61) 비록 발생하는 모든 것과 이러이러하게-있음So-Sein은 우연적으로 일어나지만(논고 6.41), 그것은 오직 필연적 가능성, 즉 논리적 가능성 안에서 이루어진다는 말이다. 이 원칙을 적용한다면, 사태의 가능성은 그것을 이루는 대상 속에 이미 정해져 있어야 한다.(논고 2.012) 일어날 수 있는 모든 사태들의 가능성은 한 대상이 다른 대상들과 하나의 사태로 결합되기 위해 이미 그 대상 안에 정해진 형식에 의존할 수밖에 없다.(논고 2.014, 2.0141) 이렇게 어떤 대상의 형식이 자신과 다른 대상들과 결합하여 이룰 수 있는 사태의 가능성을 결정하기 때문에, 우리는 어떤 대상도 그것이 다른 대상들과 결합할 가능성을 떠나서는 생각할 수 없다. 아울러 같은 이유에서 만일 우리가 어떤 대상을 안다면, 그것이 사태들 안에서 나타날 모든 가능성도 알게 될 것이다.(논고 2.0123) 결국 확정적이고 단순한 실체로서의 대상들이 항상 존속해야 하는 것이 논리적으로 요청되는 이유는 그것들이 존재할 때만 세계의 확고한 형식이 존재할 수 있기 때문이다.(논고 2.026) 모든 대상은 다른 대상들과 결합하여 이룰 수 있는 모든 배열, 즉 모든 사태들의 논리적 가능성을 이미 자신 안에 포함하기 때문에, 세계 속에는 논리적으로 불가능한 것이 일어날 가능성은 애초부터 배제되어 있다.

하지만 대상은 단지 사태들의 가능한 형식적 속성만을 확정할 수 있을 뿐이고, 그것들의 실질적인 속성들을 확정할 수는 없다. 서로 결합할 수도 있고 결합하지 않을 수도 있는 일련의 대상들이 자신 안에 포함하고 있는 논리적 가능성에 따라 적절하게 결합하면 사태가 존립하게 되고, 존립하는 특정 사태들이 서로 결합하여 특정 사실을 이루게 된다. 존립하는 사태들의 실질적인 속성은 대상이 아니라 실현된 그것들의 배열에 의해서 정해진다.(논고 2.0231) 그래서 비트겐슈타인은 대상의 '내적 속성'과 '외적 속성'을 나눈다. 내적 속성은 그 대상이 소유하지 않는다고 결코 생각될 수 없는 본질적인 속성이다.(논고 4.123) 반면 외적 속성은 존립하는 사태 속 대상들의 구체적인 배열에 의해서만 비로소 실현되는 실질적인 속성이다. 비유를 들자면, 마치 나트륨 이온Na+과 염소 이온Cl-이 결합하여 소금 분자 NaCl이 만들어지는 경우처럼 말이다. 두 이온은 서로 1:1의 비율로 결합하여 소금 분자가 될 가능성(내적 속성)을 이미 자신 안에 포함하고 있지만, 흰색이나 짠맛 그리고 물에 녹는 성질과 같은 소금의 실질적인 속성(외적 속성)은 각 이온이 아니라 그것들의 배열에 의해서 확정되는 것과 같다. 사태를 구성하는 대상은 확고하게 존속하지만, 사태 안에서 그것들 사이의 배열은 가변적이다.(논고 2.0271) 그래서 모든 사태는 다른 사태들의 존립과 무관하게 존립할 수도 그렇지 않을 수도 있다. 이렇게 한 사태의 존립 여부를 다른 것으로부터 추론할 수 없다는 의미에서 모든 사태는 상호 독립적이다.(논고 2.061, 2.062)

2) 언어의 구조에 관하여

비트겐슈타인은 회화, 3차원 모형 그리고 악보 등과 같은 그림 일반에 관한 자신의 아이디어를 명제에도 그대로 적용해서 명제를 세계에 대한 논리적 그림이라고 이해한다. 언어와 세계는 이질적이지만 서로 대응하고, 명제는 세계를 재현하는 일종의 그림이라는 것이다.

명제는 현실의 그림이다.(논고 4.01)

명제 기호는 그 요소들, 즉 낱말들이 그 안에서 특정 방식으로 상호 관계를 맺는 것으로 이루어진다.
명제 기호는 하나의 사실이다.(논고 3.14)

명제는 낱말들의 혼합물이 아니다. ─(음악적 테마가 음들의 혼합물이 아닌 것처럼.)

명제는 분절되어 있다.(논고 3.141)

상황 속 대상들의 배열이 명제 기호 속 단순 기호들의 배열에 상응한다.(논고 3.21)

오직 논리적으로 분절된 경우에만 명제는 어떤 상황의 그림이다.(논고 4.032)

비트겐슈타인은 모든 그림을 구성 요소들의 단순한 혼합물이 아니라 그것들이 특정 방식으로 결합하여 이루어진 하나의 사실로 이해한다.(논고 2.14-2.141) 그림의 구성 요소들이 특정 방식으로 서로 결합한다는 것은 그것이 재현하는 사실을 구성하는 대상들도 같은 방식으로 결합되어 있다는 말이다. 따라서 그림은 그것이 재현하는 사실과 같은 방식으로 분절된 또 다른 사실이 된다. 모든 그림이 구성 요소들의 단순한 혼합물이 아니라 그것들이 특정 방식으로 결합하여 이루어진 것처럼, 명제도 단순한 낱말들의 혼합물이 아니라 분절된 하나의 사실이다. 세계가 단순한 사물들의 집합이 아니라 사실들의 총체인 것처럼, 그것을 그리는 언어도 단순한 낱말들의 나열이 아니라 낱말들이 특정 방식으로 결합하여 뜻을 갖게 되는 명제들로 구성된다. 모든 종류의 그림이 재현되는 것과 재현 형식을 공유하는 것처럼, 명제가 현실의 그림이 될 수 있는 것도 그것이 묘사하는 현실과 재현 형식을 공유하기 때문이다. 우리가 하나의 명제로 세계 안에서 일어나는 상황을 재현할 수 있고 그것을 다른 사람과 소통할 수 있는 이유도 언어가 그것이 재현하는 사실과 '논리적 형식'이라는 재현 형식을 공유하는 논리적 그림이기 때문이다. 칸트가 세상을 객관적으로 인식하게 하는 조건을 모든 인식 주관 안에 주어진 선천적 형식에서 찾았다면, 비트겐슈타인은 세계를 언어로 묘사할 수 있는 조건을 양자가 공유하는 논리적 형식에서 찾고 있다.

논리적 형식은 세계와 언어를 이루는 구성 요소들이 결합할 수 있는 모든 가능성을 의미한다. 명제는 그것이 재현하는 현실과 논리적 형식을 공유하기 때문에 재현하는 사실에 정확히 같은 방식으로 분절된 또 하나의 사실이 된다. 따라서 세계를 구성하는 사실들이 특정 방식으로 결합되어 있어 구성 요소들로 분석될 수 있는 것처럼, 언어를 구성하는 명제들도 같은 방식으로 분석될 수 있다. 하지만 복잡한 사실이 더 작은 하위 사실들의 결합으로 분석될 수 있음에도 종국에는 더는 분석될 수 없는 사태들에 도달하게 되는 것처럼, 명제도 더 작은 하위 명제들의 결합으로 분석될 수 있음에도 종국에는 더는 분석될 수 없는 논리적으로 가장 단순한 명제로 도달해야 한다. 이러한 논리적 요청에 따라 얻어진 개념이 바로 '요소명제Elementarsatz'이다.(논고 4.221) 요소명제는 그것을 구성하는 하위 명제들로 더는 분석될 수 없는 명제의 최종적이고 궁극적인 단위인 셈이다. 하나의 가장 단순한 명제인 요소명제는 대응하는 하나의 사태를 재현하면서 그 사태의 존립에 대해서 주장한다.(논고 4.21) 실제로 존립하는 사태를 제대로 그렸다면 그 요소명제는 참이 되고, 논리적으로 가능하지만 존립하지 않는 사태를 그렸다면 거짓이 된다.(논고 4.25)

비트겐슈타인은 요소명제를 구성하는 단순 기호를 '이름'이라고 부른다. 그는 이름을 기호로 다룰 때 '단순 기호'라고 부르고, 그것이 어떤 명제의 문맥에서 의미를 갖게 되는 상징으로 나타날 때 '이름' 또는 '고유명사'라고 부른다.(논고 3.3, 4.23)

하나의 그림을 이루는 구성 요소들이 그것이 재현하는 현실의 구성 요소에 대응하는 것처럼, 요소명제를 구성하는 이름들도 그것이 재현하는 사태를 구성하는 대상들에 대응해서 특정 배열에 따라 결합한다. 이렇게 요소명제는 이름들의 단순 혼합물이 아니라 이름들이 특정 방식으로 결합해서 어루어진다.(논고 3.141) 이때 하나의 대상이 자신이 이룰 수 있는 모든 사태들의 가능성을 이미 자신 안에 포함하는 것처럼, 그것에 대응하는 이름도 다른 이름들과 결합하여 이룰 수 있는 요소명제의 모든 가능성을 이미 자신 안에 포함한다. 따라서 이름들의 총체는 가능한 모든 요소명제의 총체와 같고 요소명제들의 총체는 실현 가능한 모든 명제의 총체와 같다.

　이러한 분석을 기반으로 비트겐슈타인은 명제가 세계와 관계를 맺는 방식과 이름이 세계와 관계를 맺는 방식의 근본적인 차이를 강조하면서 '가리키는'(지칭하는) 언어의 차원과 '그리는'(묘사하는) 언어의 차원을 날카롭게 구별한다. 명제는 대상들(사물들)이 어떻게how 있는지 그 상황을 그리는 차원에서 뜻Sinn을 가진다.(논고 3.3) 만일 누군가가 어떤 공간 속의 상황을 언어로 묘사하려면 그 안에 있는 대상들을 단순히 나열하는 것만으로는 부족하고 그것들의 위치와 특성 그리고 상호 관계를 충분히 진술해야만 하는 것처럼, 명제가 뜻을 가지는 궁극적인 이유는 그것이 단순한 낱말들의 혼합물이 아니라 묘사하는 사실의 배열 구조와 같은 방식으로 분절된 또 하나의 사실이기 때문이다.(논고 3.142) 대상들이 특정 방식으로 결합하여 이루어진 것이 사실을 이루는 최소 단위인 사태인 것처럼, 이름들이 특정 방식으로 결합하여 이루어진 것이 명제를 이루는 최소 단위인 요소명제다. 이름들은 그 자체만으로는 아무 뜻도 없다. 하지만 그것들이 어떤 사태에 대응하는 요소명제 안에서 특정 질서에 따라 배열된 대상들을 대표할 때, 비로소 그 요소명제는 뜻을 갖는다.(논고 3.22, 3.3) 이때 오직 요소명제와 연관 속에서 이름은 대상(사물)이 무엇what인지를 가리키는 차원에서 의미Bedeutung를 갖는다. 이점이 바로 이름과 그것이 가리키는 대상의 관계가 명제와 그것이 그리는 상황의 관계와 구분되는 이유이다.

하나의 명제가 러셀의 주장처럼 단순한 복합 대상이 아니라 분절된 사실이기 때문에 그것이 재현하는 상황은 기술될 뿐 명명될 수 없고, 대상들은 명명될 수 있을 뿐 기술될 수 없다.(논고 3.144, 3.221) 그래서 뜻이 있는 언어의 단위는 이름이 아니라 명제의 차원이고, 하나의 명제가 "이러이러한 뜻을 가지고 있다"는 말은 그 명제가 "이러이러한 상황을 묘사한다"로 바꿔 말할 수 있다. 이런 이유에서 언어가 사물이 무엇인지를 '가리키는' 이름들의 총체가 아니라 그것들이 어떻게 있는지, 그 상황을 '그릴 수 있는' 명제들의 총체인 것처럼, 세계도 사물들의 총체가 아니라 사실들의 총체인 것이다.(논고 1.1) 그런데 우리들의 일반적인 믿음과는 달리 우리가 사용하는 대부분의 명제들은 일상에서 마주하는 구체적인 상황을 항상 정확하게 재현하지 못하기 때문에 온전히 구체적이지 못하다. 온전히 구체적인 명제란 가장 단순하고 구체적인 상황을 정확히 가려 그릴 수 있는 명제, 즉 요소명제를 말한다. 따라서 진정한 의미에서 그림을 그리는 수준은 하나의 사태를 재현하는 요소명제들에만 제한되어야 한다. 그래서 만일 모든 참된 요소명제들이 제시되면 세계는 완전히 기술될 수 있을 거라고 비트겐슈타인은 말한다.(논고 4.25, 4.26) 결국 언어가 세계를 그릴 수 있는 이유는 온전히 구체적인 요소명제들로 분석될 수 있도록 분절된 명제들의 총체인 언어가 완전히 구체적

[표1]

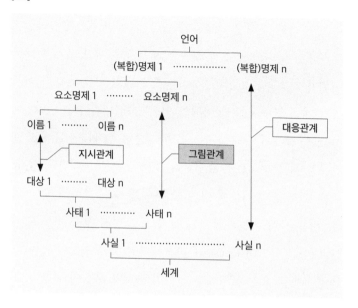

인 사태들로 분석될 수 있도록 분절된 사실들의 총체인 세계에 정확히 대응하기 때문이다. 지금까지 살펴본 언어와 세계 사이의 대응관계는 [표1]과 같이 요약될 수 있다.

비트겐슈타인은 세계의 구조에 대한 존재론적인 이야기로 『논고』를 시작한 뒤 나중에야 언어의 구조에 대한 설명을 이어간다. 그러므로 독자들은 그가 현실의 본성을 근본적인 것

으로 생각하고 언어의 형식이 현실의 형식에 따라서 결정된
다고 생각한 것처럼 이해하기 쉽다. 하지만 비트겐슈타인은
정반대로 언어의 구조에 대한 이해를 통해서만 세계에 대한
이해가 가능하다고 본다. 한마디로 언어의 구조에 대한 이해
가 세계의 구조에 대한 이해의 열쇠가 되는 것이다. 『논고』에
따르면, 하나의 사태를 분석하면 단순한 실체(대상)들에 도달
하는 것이 논리적으로 요청된다. 대상들은 부분이나 구성 요
소를 갖지 않기 때문에 더 이상 분해될 수도 분석될 수도 없
다. 비록 사태들은 존립할 수도 있고 그렇지 않을 수도 있지
만, 대상은 반드시 확고하게 존속해야만 하는 것들이다. 이러
한 존재론적 요청 근저에도 언어의 논리와 본성에 대한 비트
겐슈타인의 반성과 사유가 먼저 자리한다. 비트겐슈타인은
세계를 구성하는 가장 기초적인 사물이 무엇인지에 대해서
큰 관심이 없었다. 실제로 그는 그것이 무엇인지를 정하는 일
은 논리학자인 자신의 몫이 아니라고 생각했다. 다만 그에게
확실한 것은 하나의 명제의 뜻이 확정되기 위해서 그러한 단
순한 대상들이 반드시 존재해야 한다는 것이다.

만일 세계가 어떤 실체도 갖지 않는다면, 한 명제가 뜻을 갖는 지의 여부는 다른 한 명제가 참인지 여부에 따라 결정될 것이다.(논고 2.0211)

비트겐슈타인이 볼 때, 명제의 뜻은 확정적이어야 한다. 그런데 명제의 뜻은 완전히 분석된 명제 안에 나타나는 단순 기호들이 있을 때만 확정될 수 있다. 명제가 복합체를 지칭하는 기호들로 구성된다면 그 명제들은 분명히 확정적일 수 없다.(논고 3.24) 만일 한 명제의 구성 요소들이 단순한 것이 아니고 또 다른 하위 구성 요소들로 이루어진 복합체라면 분석은 계속될 것이다. 그렇게 되면 그 명제가 뜻을 갖는지의 여부는 "다른 한 명제", 즉 그 복합체의 구성 요소들에 관한 진술이 참인지 여부에 따라 달라질 것이고 결국엔 뜻을 확정지을 수 없을 것이다. 따라서 분석의 무한반복을 끝낼 수 있는 유일한 방법은 복합체가 아닌 단순한 구성 요소로 분석될 수 있는 경우뿐이다. 이러한 일련의 사고는 언어가 세계의 그림이 되기 위해 필요한 전제 조건으로 요소명제를 구성하는 이름들과 그 이름이 대표하는 단순한 대상들이 반드시 있어야함을 주장하기에 이른다. 명제의 뜻의 확정성은 명제 속의 이름과 그것이 대표하는 실체로서의 대상을 전제로 해서만 가능하기 때문이다. 이처럼 명제에 대한 분석이 요소명제와 이름에 도달해야 한다는 것은 실제로 우리가 사용하는 명제를 실제로 분석해서 얻어진 결과가 아니라 논리적으로 항상 요청되는 것이다. 근본적인 것은 언어의 형식이고 현실의 형식은 우리가 그것을 기술할 때 사용하는 언어의 투영이다. 이렇게 『논고』의 존재론적 이야기의 근저에는 언어의 논리와 본성에 대한 비트겐슈타인의 반성과 사유가 먼저 자리한다.

4
과제의 해결

1) '그림' 아이디어와 과제의 해결

러셀은 명제를 복합 대상, 즉 낱말들의 단순한 혼합물 내지 이름들의 집합으로 보았다. 만일 그렇다면 명제는 아무것도 말할 수 없을 뿐만 아니라, 어떻게 거짓 명제도 뜻을 가질 수 있는지, 어떻게 낯선 명제가 그 뜻이 설명되지 않아도 이해 될 수 있는지, 그리고 어떻게 낱말들이 무의미하게 결합할 가 능성이 애초에 배제되는지 해명할 수 없다. 이런 문제에 대한 비트겐슈타인의 해결책은 "명제 기호는 하나의 사실이다"(논고 3.14)라는 말로 요약된다. 하나의 그림의 구성 요소들이 그것 이 재현하는 현실을 구성하는 요소에 대응하는 것처럼, 명제 기호의 구성 요소들이 특정 방식으로 서로 결합한다는 것은 그것이 재현하는 사실을 구성하는 대상들이 동일한 방식으 로 결합되어 있다는 말이다. 이러한 방식으로 비트겐슈타인 은 이름이 의미를 갖는 방식과 명제가 뜻을 갖는 방식의 결정 적인 차이점을 강조하면서, "오직 사실들만이 뜻을 표현할 수 있고, 이름들의 집합은 그럴 수 없다"(논고 3.142)고 말한다. 그 런데 한 명제가 뜻을 갖는 것이 그 명제 자체와 세계 안의 어 떤 사실이 내용적으로 직접 관련되기 때문이라면 어떻게 될 까? 만일 그렇다면, 그 명제는 오직 참일 때 한에서만 뜻을 갖 게 될 것이다. 이러한 문제를 피하고자 비트겐슈타인은 명제 와 그것이 그리는 현실 사이에 공통되는 것은 내용이 아니라 형식이면 충분하다는 해결책을 내놓는다.

모든 그림은 그것이 재현하는 현실과 재현 형식(논리적 형식)을 공유한다. 따라서 하나의 그림이 그림일 수 있는 것은 그 그림 자체가 옳기 때문이 아니다. 모든 그림은 일어난 현실뿐 아니라 실제로 일어나지는 않았지만, 논리적으로 가능한 상황을 재현할 수 있는 논리적 그림이 된다.(논고 2.182, 2.201) 마찬가지로 명제도 그것이 재현하는 상황과 논리적 형식을 공유하는 현실의 논리적 그림이다.(논고 2.18, 4.01, 4.02) 그래서 명제는 실제로 존립하는 상황뿐만 아니라 존립하지는 않지만, 논리적으로 가능한 상황까지도 묘사할 수 있다. 그래서 이름의 경우 지시하는 대상, 즉 지시체가 없으면 무의미해지는 것과 달리, 명제는 그것이 묘사하는 상황이 실제로 존립하지 않아도 무의미해지지 않고 여전히 뜻을 가진다. 이 경우 단지 명제가 거짓이 될 뿐이다.(논고 3.24) 이처럼 명제가 참일 때뿐만 아니라 거짓일 때조차도 뜻을 갖고 진릿값과 상관없이 이해될 수 있는 이유는, 그것이 실제로 존립하는 상황뿐 아니라 존립하지 않으나 논리적으로 가능한 상황을 묘사할 수는 있는 '논리적 그림'이기 때문이다.(논고 2.203)

같은 이유로 비트겐슈타인은 러셀이 남긴 또 다른 숙제도 해결한다. 러셀은 어떻게 판단을 구성하는 대상들이 아무런 뜻도 없이 무의미하게 결합할 가능성이 애초부터 제거되는지 설명할 수 없었다. 논리적 그림인 명제는 논리적 공간 속에 있는 가능한 상황만을 묘사할 수 있다. 따라서 "좋아함은 철수를 영희한다"와 같은 식으로 명제의 구성 요소가 논리적으로 불가능하게 결합하여 무의미해질 가능성은 애초부터 배제된다.

한편 비트겐슈타인은 우리가 처음 접하는 명제를 아무런 설명도 없이 이해할 수 있는 이유를 다음과 같이 설명한다.

명제 기호의 뜻이 우리에게 설명되지 않아도 우리가 그것을 이해한다는 것으로부터 우리는 이것을 "명제는 현실의 그림이다"(4.01)라는 것을 안다. (논고 4.02)

명제는 현실의 그림이다: 왜냐하면 내가 명제를 이해하면 그것에 의해 묘사되는 상황을 알기 때문이다. 그리고 명제의 뜻이 나에게 설명되지 않았어도 나는 그것을 이해한다. (논고 4.021)

하나의 명제를 이해한다는 것은 그것이 참일 때 무엇이 발생하는지를 안다는 것을 의미한다.

(명제가 참인지 알지 못해도 그 명제는 이해될 수 있다.)

명제는 그것의 구성 요소들이 이해되면 이해된다.(논고 4.024)

우리가 어떤 그림을 이해한다면, 그것은 우리가 그 그림에 의해 묘사되는 상황을 알기 때문이다. 예를 들어서, 우리는 음악의 일반적 투영 법칙을 알기 때문에 특별한 설명 없이도 새로운 악보를 보면서 그 음악 작품이 연주되면 어떻게 들릴지 알 수 있다.(논고 4.0141) 마찬가지로 우리는 언어의 일반적 투영 법칙을 알기 때문에 특별한 설명 없이도 전혀 접하지 못했던 새로운 명제를 이해할 수 있다. 어떤 상황의 그림인 명제를 이해한다는 것은 그 명제가 옳을 때 실제로 존재해야 하는 사실이 무엇인지 아는 것이다. 그리고 그것이 가능한 이유는 우리가 그 명제의 구성 요소를 알기 때문이다. 하나의 대상은 그것이 이룰 수 있는 사태의 모든 가능성을 자신 안에 가지고 있고, 하나의 사태는 그것이 이룰 수 있는 사실의 모든 가능성을 자신 안에 가지고 있다. 따라서 대상들의 총체는 세계 속의 모든 사태들, 더 나아가서 모든 사실들의 가능성을 자신들 안에 가지고 있다. 이러한 도식은 그것에 대응하는 언어에도 그대로 적용된다. 하나의 이름은 그것이 이룰 수 있는 요소명제의 모든 가능성을 자신 안에 가지고 있고, 하나의 요소명제는 자신이 이룰 수 있는 (복합) 명제들의 모든 가능성을 자신 안에 가지고 있다. 따라서 이름들의 총체는 모든 요소명제들, 더 나아가서 모든 (복합) 명제들의 가능성을 자신 안에 가지고 있다. 그래서 우리는 실제로 존재하는 대상들을 대표하는 이름들을 가지고 명제 속에서 실제로 존재하지 않는 상황의 모형을 시험적으로 조립할 수 있다.(논고 4.031) 이때 명제의 뜻은 이렇게 시험적으로 만들어진 이름들의 의미와 그 이름들이 배열된 방식에 의해 확정된다. 이처럼 "하나의 명제는 오래된 표현들을 가지고 새로운 뜻을 전달해야만 한다."(논고 4.03) 그리고 그 때문에 우리는 한 명제가 참이라면 무엇이 일어나는가를 알게 되고, 특별한 설명 없이도 전혀 접하지 못했던 새로운 명제의 뜻을 이해할 수 있는 것이다.

도대체 무엇이 그 이름들이 오직 그것들에 상응하는 대상들에게만 가능한 방식으로 결합하도록 보장하는가? 이 질문에 대한 비트겐슈타인의 견해를 더 쉽게 이해하기 위해서『논고』가 말하는 이름과 대상의 관계를 과학 이론 속의 개념과 그것이 지칭하는 대상의 관계와 비교해 보자. 예를 들어서, '쿼크 quark'는 물질을 구성하는 최소입자를 지칭한다. 이 용어는 물질의 궁극적인 구성에 관한 이론의 일부로 도입된 개념으로 전체 이론 안에서 그것이 갖는 위치가 바로 '쿼크'란 무엇인지를 규정한다. 과학 이론에서 '쿼크', '렙톤', '프로톤' 등의 개념들이 그것들에 대응하는 미립자들이 결합 가능한 방식으로 결합하는 것은 이 개념들에 관한 이론을 하나의 이론으로 만들어 주는 것의 일부이기 때문이다.『논고』에서 제시하는 이름과 대상의 관계도 이와 유사하다. 우리들의 일상언어는 세계에 대한 일종의 과학 이론과 같다. 그 이름들이 오직 그것들에 상응하는 대상들에게만 가능한 방식으로 결합해야 한다는 것은 전체로서의 언어의 한 부분으로서 그것이 논리적으로 요청되는 것이기 때문이다. 따라서 먼저 대상을 확인하고, 그런 다음 "무엇이 그 대상의 조합 가능성에 따라 그것의 이름을 사용하는 것을 보장하는가?"라고 질문하는 것은 이제 무의미하다. 그리고 러셀처럼 하나의 명제가 유의미하게 결합하는 질서의 원인을 주체의 행위나 주체가 외부로부터 직접 경험하는 것으로부터 설명할 필요가 없다. 우리가 어떤 과학 이론을 이해하면서 동시에 그 이론이 언급하는 모든 종류의 존재자들을 배우는 것처럼, 우리가 전체 언어를 배울 때 동시에 그 언어 안에 명명되는 모든 대상도 알게 되기 때문이다. 이것이 다름 아닌 『논고』의 관점이라는 것을 다음 구절이 증명해 준다.

만일 대상들이 주어지면, 그와 함께 이미 모든 대상들도 주어진다.
만일 요소명제들이 주어지면, 그와 함께 이미 모든 요소명제들도 주어진다. (논고 5.524)

비트겐슈타인은 러셀처럼 '대상'을 우리가 직접 경험할 수 있는 어떤 것으로 생각하지 않았다. 만일 그렇다면 그는 결코 위 인용문처럼 주장하지 못했을 것이다. 우리가 어떤 대상들을 직접 경험하면 동시에 모든 대상들을 직접 경험할 수 있다는 것은 결코 참이 될 수 없기 때문이다. 이것이 비트겐슈타인조차도 요소명제와 이름 그리고 사태와 대상의 사례를 구체적으로 제시할 수 없었던 이유이기도 하다. 그에게 이 모든 것은 순수하게 논리적으로 요청되는 것이다.

2) '진리함수' 아이디어와 과제의 해결

앞서 살펴본 것처럼 우리가 일상에서 사용하는 대부분의 명제들은 논리적으로 복잡한 명제들이기 때문에 구체적인 상황을 항상 정확하게 묘사하지 못한다. 구체적인 상황을 정확히 골라 그려 낼 수 있는 완전하게 구체적인 명제는 오직 요소명제뿐이다. 따라서 일상에서 사용되는 복합명제들의 뜻과 그것이 참인지 여부도 그 명제를 구성하는 논리적으로 단순한 요소명제들과 그것들에 대응하는 사태들의 차원에서 이루어져야 한다. 이런 이유에서 엄밀하게 말해서 그림을 그리는 수준은 사태를 재현하는 요소명제들에만 제한되어야 한다. 그렇다면 이제 비트겐슈타인의 고민은 어떻게 요소명제가 지닌 그림적 성격을 논리적으로 복잡한 복합명제에도 적용할 수 있냐는 것이다. 이 문제가 그에게 고민이 되는 이유는 복합명제들이 포함하는 '어떤or', '그리고and', '만일 …이면 …이다if…

then…'와 같은 논리적 상항들 때문이다. 러셀은 어떻게 우리가 이러한 논리적 상황을 이해할 수 있는지를 설명하기 위해서 그것들에 대응되는 논리적 대상들을 상정하는 형이상학적 문제뿐만 아니라 그러한 논리적 대상들을 직접 경험할 수 있는 능력을 상정하는 인식론적 문제까지도 감수해야 했다. 이러한 러셀의 입장을 거부한 비트겐슈타인은 진리함수truth-fuction라는 독특한 방법을 통해서 이 문제를 해결하고자 한다. 예를 들어서, p와 q라는 두 요소명제는 다양한 방식으로 결합하여 복합명제를 구성할 수 있다. 'p 또는 q(p $\lor$ q)'가 될 수도 있고, 'p 그리고 q(p $\cdot$ q)'가 될 수도 있는가 하면, 'p이면 q이다(R $\supset$ W)'가 될 수도 있다. 이때 복합명제가 참인지 거짓인지의 여부는 그것을 구성하는 요소명제들의 진릿값과 그것들을 연결하는 '어떤or', '그리고and', '만일 …이면 …이다if…then…'와 같은 논리적 상황에 따라 좌우된다. 그리고 복합명제의 뜻은 그것을 구성하는 요소명제들의 진릿값(참 또는 거짓)의 조합이 그 복합명제의 진릿값을 어떻게 결정하느냐에 따라서 확정된다. 이런 이유에서 모든 명제는 요소명제들의 진리함수가 된다.(논고 5)

[표2]

	P
1	T(참)
2	F(거짓)

	p	q
1	T	T
2	T	F
3	F	T
4	F	F

	p	q	r
1	T	T	T
2	T	T	F
3	T	F	T
4	T	F	F
5	F	T	T
6	F	T	F
7	F	F	T
8	F	F	F

　비트겐슈타인은 이러한 자신의 독특한 견해를 배경으로 복합명제를 구성하는 요소명제들의 수에 따라 나타날 수 있는 진릿값의 경우의 수를 표시하는 진리표truth-table라는 방법을 고안한다.(논고 4.31) [표2]에 제시된 사례들처럼, 요소명제의 개수n에 따라서 나타날 수 있는 진릿값의 경우의 수는 2^n개가 된다.

　그리고 나서 비트겐슈타인은 경우에 따라 다양한 복합명제의 진릿값을 편리하게 따져본다. 예를 들어서, "나는 빵을 먹는다"를 B로 놓고 "나는 주스를 마신다"를 J로 놓을 때, B가 참이면, B의 부정인 ~B(빵을 먹지 않는다)는 거짓이 된다. 그리고 그

[표3]

B	~B
T	F
F	T

B	J	B • J
T	T	T
T	F	F
F	T	F
F	F	F

B	J	B ∨ J
T	T	T
T	F	T
F	T	T
F	F	F

역도 성립한다. 그리고 "나는 빵을 먹고 주스를 마신다"(B • J)는 각 요소명제가 모두 참일 때만 참이고 나머지 경우는 모두 거짓이다. 마지막으로 "나는 빵을 먹거나 주스를 마신다"(B ∨ J)는 역으로 각 요소명제가 모두 거짓일 때만 거짓이고 나머지 경우는 모두 참이다. 이를 진리표로 표현하면 [표3]과 같다.

진리표는 논리적 상항을 포함하는 복합명제들의 진릿값이 어떻게 그 부분들(요소명제들)의 진릿값에 의존하는지를 보여 준다.(논고 5.101) 하나 이상의 논리적 상항을 포함하는 어떤 복합명제라도 이렇게 진리표를 사용하면 그것을 이루는 요소명제들이 어떻게 결합되는지 볼 수 있고, 진리함수대로 각 요소명제들의 진릿값을 대입하여 계산하면 그 복합명제의 진릿값도 확인할 수 있다. 여기서 비트겐슈타인이 "나의 근본 사상"이라고 부를 만큼 중요한 핵심은 "'논리적 상항들'은 대표하지 않는다"(논고 4.0312)는 것이다. 명제 안에서 '어떤or', '그리고and', '만일 …이면 …이다if…then…'와 같은 논리적 상항들은 이름처럼 세계 속의 어떤 것도 지시하지 않는다. 따라서 러셀처럼 그것들에 대응하는 논리적 대상들을 상정하는 형이상학적 문제와 그것을 직접 경험하는 능력을 상정하는 인식론적 문제를 감수할 필요가 없다.(논고 5.4) 그림은 재현되는 것과 그것의 재현 형식을 공유하지만 재현 형식 자체를 재현할 수는 없는 것처럼 (논고 2.2, 2.172), 언어와 세계의 본질적 구조를 이루고 있는 논리적 형식을 언어로 말할 수 없다. 논리적 형식으로부터 파생된 논리적 상항들도 마찬가지이다. 논리적 상항들은 마치 마침표가 명제의 일부이지만 명제 내용의 일부는 아닌 것처럼 복합 명제 속의 다른 요소와는 완전히 다른 역할을 수행한다. 논리적 상항의 역할은 논리적으로 단순한 요소명제들을 결합시켜 논리적으로 복잡한 명제를 만들어 낼 뿐이다. 비트겐슈타인은 자신의 독창적인 진리함수 아이디어와 진리표라는 표기법으로 우리들의 일상언어에서 논리적 대상을 대표하는 것처럼 보이는 논리적 상항이 사실은 사이비 표현임을 보여 줌으로써 러셀이 남긴 과제를 해결하기 위한 마지막 퍼즐을 완성한다.

5
의미와 무의미

1) '말해질 수 있는 것'과 '보여질 수 있는 것'

비트겐슈타인이 『논고』를 쓴 목적은 생각에 경계를 그으려는 것이고, 그 경계는 오직 언어에서만 그을 수 있다. 그래서 자신이 그은 말할 수 있는 경계를 기준으로 비트겐슈타인은 명제를 '뜻이 있는sinnvoll' 명제, '뜻이 없는sinnlos' 명제 그리고 '무의미한unsinnig' 헛소리라는 세 가지 유형으로 나눈다. '뜻이 있는' 명제는 존립하는 사실이나 존립하지 않지만 논리적으로 가능한 사실을 묘사하는 명제다. 뜻이 있는 명제는 무엇인가를 진술하고, 그것의 증명은 실제로 그러하다는 것을 보여 준다.(논고 6.1264) 따라서 뜻이 있는 명제는 현실과 일치하는지를 따져서 그것이 참인지 거짓인지를 쉽게 가릴 수 있는 명제이다. 명제의 뜻이 현실과 일치할 때 참이고, 그렇지 않을 때 거짓이 된다.(논고 2.222, 2.223) 그래서 비트겐슈타인은 말해질 수 있는 것, 다시 말해서 뜻이 있는 명제들의 한계를 경험적 실재를 다루는 과학 언어의 한계와 일치시킨다.(논고 6.53) 한마디로 참인 명제들의 총체는 바로 자연과학들의 총체이다.(논고 4.11) 이런 명확한 경계 긋기를 통해 비트겐슈타인은 말할 수 있는 모든 것에 대해서는 명료하게 말하고, 말할 수 없는 것에 대해서는 침묵해야 한다고 권고한다.(논고 머리말, 7) 이것이 그가 내놓은 철학적 예방책이다.

두 번째 유형의 명제는 '뜻이 없는sinnlos' 명제로 무의미하지는 않지만 실제로 그리는 내용이 없는 명제들이 여기에 속한다. 어떤 명제가 진리표에 따라 표현될 때, 요소명제들에 어떤 진릿값이 할당되더라도 전체 명제의 진릿값이 항상 참인 경우를 동어반복Tautologie이라고 한다. 역으로 요소명제들에 어떤 진릿값이 할당되더라도 전체 명제의 진릿값이 항상 거짓인 경우를 모순Kontradiktion이라고 한다. 모든 동어반복과 모순은 뜻이 없는 명제들이다.(논고 4.46, 4.461) 예를 들어서, "지금 눈이 오거나 눈이 오지 않는다"(S ∨~S)와 같은 동어반복은 뜻이 있는 명제들로 구성되어 있지만 그 명제들의 뜻이 서로 상쇄되어 결국엔 전체적으로 뜻을 잃게 되는 명제이다. 이 명제는 세계의 사실(현재의 날씨)에 대해서 아무것도 말하는 바가 없고 그 진릿값도 세계의 사실에 의존하지 않으며 명제의 논리적 형식에 따라서 언제나 참이다. 논리학의 기본법칙 중 하나인 모순율을 명제논리로 표시하면 ~(p • ~p)가 된다. 이 명제는 p가 참이건 거짓이건 상관없이 항상 참이 된다. 이처럼 "논리학의 명제들은 동어반복이다."(논고 6.1)

마지막 세 번째 유형의 명제는 '무의미한unsinnig' 헛소리이다. 『논고』에서 모든 언어가 따라야 하는 유일하고 보편적인 구문론적 규칙은 '논리'이다. 무의미한 헛소리는 논리적 구문론의 규칙을 위반해서 뜻이 있게 말해질 수 있는 경계를 벗어나기 때문에 현실과 일치 여부를 따져서 참인지 거짓인지 확인조차 할 수 없는 사이비 명제들이다. 비트겐슈타인에 따르면, 대부분의 철학적 명제들과 물음들은 거짓이 아니라 무의미하다.(논고 4.003) 전통적으로 철학적 명제들은 경험적 사실을 다루지 않아 왔기 때문에 많은 경우 참과 거짓을 따질 수 없는 무의미한 문장들로 이루어져 있다. 애초에 참도 거짓도 될 수 없는 무의미한 헛소리는 세계에 관해서 아무것도 말하지 않지만, 언제나 참이거나 거짓인 뜻이 없는 명제와는 구별된다.(논고 4.461, 4.4611)

세계에 대해서 무엇인가를 말하는 뜻이 있는 명제는 오직 과학의 명제들뿐이다. 그래서 뜻이 있는 명제들은 세계 안에서 일어나는 우연적인 사실들을 그린다. 그런데 절대적 가치는 우연적일 수 없기 때문에 우연적 사실들로 이루어진 세계 안에는 존재할 수 없다. 따라서 그것이 존재한다면 마땅히 세계 밖에 놓여 있어야 한다.(논고 6.41) 이렇게 절대적 가치가 세계 밖에 위치한다면, 그것은 당연히 말할 수 있는 경계를 넘어설 수밖에 없다. 예를 들어서, "진리는 최고선이다"와 같은 명제나 "생명은 절대적 가치를 지닌다"와 같은 명제는 겉보기에 뜻이 있는 명제처럼 보인다. 하지만 이러한 철학적 명제들이 묘사한다고 하는 가치들은 참인지 거짓인지 경험적으로 판별할 수 있는 사실이 아니므로 단지 무의미한 헛소리에 불과하다. 따라서 뜻이 있는 어떤 명제도 가치에 대해서 말할 수 없고, 가치와 관련된 윤리학, 미학적 그리고 종교적인 뜻이 있는 명제는 있을 수 없다.(논고 6.42) 이러한 철학적 명제들은 단지 우리가 언어의 논리를 잘못 이해한 결과일 뿐이고, 따라서 그런 명제들로 이루어진 문제들도 해결해야 할 진정한 문제가 될 수 없다.(논고 4.003)

그렇다면 "무엇이 선인가?", "무엇이 아름다움인가?" 그리고 "무엇이 삶의 의미인가?"라는 물음들과 그에 대한 답변들이 단지 무의미한 헛소리라는 것을 폭로하는 일이 비트겐슈타인 철학이 줄 수 있는 전부일까? 비트겐슈타인은 이 방법이 엄격히 말해서 단 하나의 옳은 방법이라고 확신한다.(논고 6.53) 이런 이유에서 그는 과학적 언어 외에 모든 언어는 폐기시키고 모든 학문의 과학화를 꿈꾼 논리실증주의자들(빈학파)과 같은 생각을 한 것으로 오해받기도 한다. 하지만 비트겐슈타인의 입장은 이들과 전혀 다르다. 논리실증주의자들에게 우리가 말할 수 없는 것에 침묵해야 하는 이유는 그러한 대상이 없기 때문이지만, 비트겐슈타인은 말할 수 없는 것의 존재와 그 영역을 인정한다. 심지어 말할 수 없는 것들이 오히려 더 중요하다고까지 생각한다. 단지, 그에게 뜻이 있게 말할 수 있는 모든 것은 사실에 관한 과학적 명제들일 뿐이다.

여기서 세계에 대해서 뜻이 있게 '말해질gesagt' 수 있는 것과 말해질 수는 없지만 '보여질gezeigt' 수 있는 것 사이의 구분이 결정적으로 중요하다. 비트겐슈타인은 언어로 말해질 수는 없지만 보여질 수 있는 것의 예로 '논리학'과 '윤리학'을 든다.

거칠게 말해서 '보여질 수 있는 것'은 선험적으로 알려진 것들이고, '말해질 수 있는 것'은 경험을 통해서 알 수 있는 것들이라고 해석할 수 있다. 논리는 어떤 언어라도 그것이 현실을 묘사하기 위해서 충족되어야 하는 보편적인 가능 조건이다. 이런 의미에서 "논리학은 선험적이다."(논고 6.13) 반면 윤리학의 선험성과 언표 불가능성은 '절대적 가치'라는 관념으로부터 나온 당연한 귀결이다. 윤리학은 절대적 가치를 다루기 때문에 우연적인 사실의 세계에 속할 수 없다.(논고 6.41) 따라서 절대적 가치와 관련된 주체도 우연적인 사실의 세계에 속할 수 없고 그것에 대해서 말할 수도 없다.(논고 6.423) 윤리에 대한 비트겐슈타인의 구상의 핵심은 어떤 의미에서 세계로부터 윤리적 주체를 제거하는 것이다. 개별 주체에 발생하는 모든 것은 기껏해야 상대적 가치만을 지닌 하나의 사실이기 때문이다. 선험적인 논리학이 개별 주체의 판단이나 관심 등과 무관하게 선행하여 규정하듯이, 선험적인 윤리학도 어떤 방식으로든 개별 주체의 행위와 무관하게 선행하여야 한다. 이러한 요청을 충족시키기 위해서 비트겐슈타인은 윤리적 주체로서의 의지와 세계의 관계를 다음과 같이 설명한다.

선하거나 악한 의지가 세계를 바꾼다면, 그것은 오직 세계의 한 계들을 바꿀 수 있으며, 사실들, 즉 언어로 표현될 수 있는 것을 바꿀 수는 없다.

짧게 말해서, 이때 세계는 그렇게 해서 전혀 다른 세계가 되어야 한다.(논고 6.43)

선하거나 악한 의지는 이전에 가능했던 것을 불가능하게, 그리고 이전에 불가능했던 것을 가능하게 만들 수 없다. 오히려 선하거나 악한 의지는 사실들이 아닌 세계의 한계, 즉 가능한 것들이 우리에게 느껴지는 방식을 바꿀 수 있을 뿐이다. 세계를 우연적 사실들의 총체로만 보는 불행한 자의 세계와 그것의 한계 변화와 함께 세계를 완전히 달리 바라보는 행복한 자의 세계는 완전히 다른 것이다. 왜냐하면 그 안에서 우리가 자연과학의 문제들을 다 해결한다 해도 여전히 풀리지 않고 남아 있는, 삶에 중요한 수수께끼들에 대한 해답을 얻을 수 있기 때문이다.(논고 6.52, 6.4311) 우연적인 사실의 세계에 속한 개별 주체인 의지는 사실들의 세계와 '한가운데서' 관계하면서 인과적 영향을 주고 상대적인 가치를 부여한다. 반면 윤리적 주체인 의지는 주어진 전체로서의 세계와 '밖으로부터' 관계하면서 그것에 절대적 가치를 부여한다. 따라서 이때 윤리적 주체가 갖게 되는 느낌, 예컨대 세계가 존재한다는 사실에 관한 신비로운 느낌(논고 6.44)은 어떤 유형의 지식이나 경험에도 속하지 않는다. 비트겐슈타인은 윤리적 주체인 의지가 이렇게 한계 지어진 전체로서의 세계와 '밖으로부터' 관계하는 방식을 "영원한 관점에서sub specie aeterni의 직관"으로 묘사한다.(논고 6.45) 이처럼 한계 지어진 전체로서의 세계를 영원의 관점에서 전혀 다른 세계로 보는 신비로운 관점의 가능 조건이라는 점에서 "윤리학은 선험적이다."(논고 6.421)

그림이 현실을 재현할 수 있지만 재현 형식을 재현할 수 없는 것처럼, 명제가 사실을 재현하는 논리적 그림이지만 그것의 가능 조건인 논리적 형식을 재현할 수는 없다. 다시 말해서 명제는 현실의 논리적 형식에 대해서 말할 수 없다. 언어와 세계가 공유하고 있는 논리적 형식 때문에 명제는 사실에 대한 논리적 그림이 될 수 있지만 그림 관계를 가능하게 하는 논리적 형식에 대해서 말할 수는 없다. 만일 우리들이 사용하는 언어가 논리적 형식을 묘사할 수 있다면, 우리는 논리 밖에 서서 언어와 그것이 그리려는 논리적 형식이 서로 공유하는 또 다른 공유형식을 상정해야만 할 것이다. 따라서 명제는 논리적 형식에 대해서 말할 수 없다. 하지만 재현 형식이 그림 안에서 스스로를 보여 주는 것처럼, 논리적 형식은 명제의 뜻Sinn의 원천 내지 조건으로 명제들 안에서 스스로를 보여 준다.(논고 4.12-4.121) 반면 절대적 가치와 관련된 '윤리적인 것'은 말하여질 수 없지만 누군가가 남을 위해 배려하고 희생할 때 그리고 정직한 행위를 할 때 그것이 무엇인지 스스로 드러난다. '아름다움'이 무엇인지 말로 정의하거나 설명하지 않아도 심미적 감동을 불러일으키는 어떤 예술작품에서 스스로 드러나는 것처럼 말이다. 이처럼 윤리적인 것과 아름다운 것은 실천이나 작품을 통해 보여져야 하는 것이다. 그리고 이것들은 우연적인 세계의 일부가 아니라 밖에 위치한 가치의 영역으로 우리가 자연과학의 문제들을 다 해결한다 해도 여전히 대답되지 않고 남아 있는, 우리 삶에 아주 중요한 문제의 영역이다.(논고 6.52) 자연 세계와 과학의 영역을 초월하여 있기 때문에 말해질 수는 없지만 스스로 드러날 수 있는 이러한 것을 비트겐슈타인은 '신비로운 것das Mystische'이라고 부른다.(논고 6.522)

비트겐슈타인은 언어의 논리적 구조를 명확히 밝혀 내면 뜻이 있는 명제와 무의미한 헛소리 사이에 경계선을 정확하게 그을 수 있고, 그 결과로 자연과학의 영역(말할 수 있는 지식의 영역)과 윤리나 미학 내지 종교의 영역(말할 수 없지만 스스로 드러나는 영역)을 구분할 수 있다고 생각한다. 이러한 그의 입장은 이론이성의 차원에서 형이상학의 불가능성을 주장하면서도 실천이성의 영역에서 신과 윤리 등의 형이상학의 주제에 대해서 논할 수 있는 여지를 남긴 칸트의 입장과 다시 한번 비교될 수 있다. 만일 윤리나 예술 그리고 종교에 대해서 무엇인가를 말하려는 순간 우리는 '신비로운 것'을 '사실화'하고 '절대적 가치'를 '상대화'하는 오류를 피할 수 없다. 따라서 "말할 수 없는 것에 대해서는 침묵해야만 한다."(논고 7) 하지만 이 침묵은 단순한 침묵이 아니다. 비트겐슈타인이 『논고』에서 윤리학과 미학에 관해서 적은 분량만을 할애하기 때문에, 어떤 이들은 그가 이런 주제들에 관심이 별로 없었거나 단순히 개인적인 선호의 문제로 여겼다고 단정 짓는다. 하지만 이러한 이해는 과학적 태도로 전향된 논리실증주의에 의한 해석이다. 가치를 세계 밖에 위치시키고 언어의 한계를 넘어서는 것에 대해 침묵하라는 처방은 '신비로운 것'을 평가절하하는 것이 아니라 오히려 그것을 '무의미한 헛소리'로부터 보호하여 '스스로 드러날 수 있도록' 하려는 적극적인 전략으로 보아야 한다.

2)『논리-철학 논고』는 무의미한 헛소리인가?

그렇다면『논고』의 명제들은 어떻게 평가해야 할까?『논고』의 명제들은 실제로 존재하거나 존재 가능한 사태들의 조합에 따라 참이거나 거짓이 되는 우연한 사실에 관한 명제도 아니고, 그렇다고 뜻이 없이 공허한 동어반복과 같은 논리학의 명제도 아니다. 대부분의『논고』의 명제들은 논리학의 본성과 언어와 세계가 맺는 관계를 설명하면서 언어, 명제, 이름, 세계, 사실, 대상 그리고 논리적 형식 등 수많은 개념들에 관해서 논한다. 따라서 만일 비트겐슈타인이『논고』에서 세운 원칙을『논고』자체에 적용한다면, 이 책의 명제들도 말해질 수 있는 한계를 넘어선 무의미한 헛소리가 될 수밖에 없다. 이렇게 비트겐슈타인은『논고』에서 스스로 말할 수 없다고 한 것에 대해서 어떻게든 말하고 있기 때문에, 러셀도 그의 입장을 받아들이기 힘들다고 솔직한 심정을 토로했다. 하지만 이러

한 반응을 미리 알고 있었던 비트겐슈타인은 『논고』를 마무리
하기 직전 다음과 같이 말한다.

> 나의 명제들은 다음과 같은 방식으로 해명한다. 나를 이해한 사
> 람은, 만일 그가 나의 명제를 통해서 —그것들을 딛고— 그것들
> 을 넘어 오르면, 결국 나의 명제들이 무의미하다는 것을 알게 된
> 다.(이를테면 그는 사다리를 딛고 오른 뒤에는 그것을 내던져 버려야 한다.)
> 그는 이 명제들을 극복해야 한다. 그러면 그는 세계를 올바로
> 본다.(논고 6.54)

비트겐슈타인은 말할 수 없는 것에 대해 자신이 말하고 있
다는 것을 스스로 의식한다. 그는 말해질 수 없는 것을 말하
려는 온갖 시도가 무의미한 헛소리에 불과하다는 것을 깨닫
도록 돕는 것이 진정한 철학이 해야 할 일이며, 자신의 책이
바로 그런 역할을 하는 일종의 '주해'라고 확신한다. 동시에
독자들이 이것을 깨닫고 나면(정상에 오르게 되면) 무의미한 헛
소리로 이루어진 자신의 책(사다리)은 내던져 버리라고 요구
한다. 우리가 지금까지 이해하려고 힘겹게 노력했던 『논고』

의 내용이 사실 무의미한 헛소리에 불과하다는 이 충격적인 선언을 우리는 어떻게 받아들여야 할까? 이 질문이 결정적으로 중요한 이유는 어떻게 답하느냐에 따라 『논고』 자체의 성격 규정과 이 책의 모든 명제들을 바라보는 관점이 극단적으로 달라질 수밖에 없기 때문이다. 실제로 6.54의 역설적인 선언에 대한 해석의 문제는 최근 20여 년 동안 『논고』의 성격에 관한 치열한 논쟁의 중심에 있어 왔다. 이 논쟁에는 다양한 주장들이 존재하지만, 그중 대표적인 두 입장이 '전통적 해석traditional reading'과 '단호한 해석resolute reading'이다. 전통적 해석을 지지하는 자들은 6.54의 선언을 무시하면서 『논고』의 명제들이 무의미하긴 하지만 여전히 어떤 방식으로든 철학적 이론들을 전달해 주고 있다고 주장한다. 이 해석은 『논고』 밖에서 이루어진 비트겐슈타인의 직·간접적인 증언들과 조화를 이룰 수 있는 장점이 있지만 치명적인 단점도 가지고 있다. 비트겐슈타인 스스로 무의미한 헛소리라고 인정한 사이비 명제들이 어떤 방식으로든 유의미하다는 것은 분명히 모순처럼 보이기 때문이다. 또한 유의미한 헛소리와 무의미한 헛소리는 어떤 기준에 따라 구분되는지, 그리고 『논고』의 명제들과 진정한 의미에서 뜻이 있는 자연과학의 명제들 사이의 차이가 무엇인지 도대체 알 수 없다. 이런 곤혹스러운 걸림돌들 때문에 전통적 해석은 선뜻 받아들여지기 힘들 수밖에 없다.

이런 배경에서 다이아몬드Cora Diamond, 코넌트James Conant와 같은 일군의 학자들은 머리말과 6.54 그리고 7을 제외한 『논고』의 모든 명제들을 비트겐슈타인이 세운 원칙에 따라서 단호하게 무의미한 헛소리로 읽어야 한다고 주장하면서 전통적 해석에 정면으로 대응한다. 그들은 머리말과 6.54 그리고 7은 『논고』의 본 텍스트에 속하지 않고 오히려 그것들에 대한 해석의 틀을 제공하는 지침으로 읽어야 한다고 본다. 단호한 해석의 지지자들에 따르면, 『논고』를 쓴 저자의 의도는 독자들이 책의 내용을 마치 언어와 세계의 관계에 관한 이론인 것처럼 믿고 읽게 만든 다음, 종국엔 책의 모든 명제들이 무의미한 헛소리임을 폭로하는 것에 있다고 본다. 이를 통해 비트겐슈타인은 무의미한 사이비 명제들로 이론을 만들어 온 기존 철학자들의 어리석은 주장들이 자신의 명제들처럼 극복되어야 할 대상임을 폭로하면서 독자들도 이러한 어리석은 충동에서 해방시키려는 치유적 목적에서 『논고』를 썼다는 것이다. 단호한 해석의 이러한 측면은 철학을 이론이 아닌 치유를 목적으로 하는 활동으로 여기고, 철학의 결과는 철학적 명제들이 아니라 명제들이 명료해지는 것으로 본 비트겐슈타인의 철학관과 아주 잘 어울리는 장점이 있다. 하지만 여기에도 문제는 있다. 우선 단호한 해석자들은 『논고』의 머리말과 결론을 책의 본문에 속하지 않고 오히려 그 외부에서 그것을 어떻게 읽어야 할지를 독자들에게 알려 주는 지침이라고 보지만 비트겐슈타인은 어디에서도 이러한 구분을 명시적으로 긍정한 적이 없다. 따라서 다른 일반적인 서적들처럼 『논고』의 머리말은 본문의 일부이며 본문에서 더 상세하게 다룰 문제들을 예상하면서 전체적인 핵심을 지적하고 있다고 보는 것이 타당해 보인다. 하지만 단호한 해석의 가장 심각한 문제는 다른 곳에 있다. 『논고』의 명제들이 무의미한 헛소리라는 단호한 해석의 핵심 주장은 아이러니하게도 『논고』의 주요 주장들을 정당한 이론으로 전제하지 않고서는 성립할 수 없다. 만일 이 비판이 맞는다면, 단호한 해석의 지지자들은 『논고』를 무의미하게 읽어야 한다는 자신들의 핵심 주장을 스스로 어긴 셈이 된다. 그렇다면 우리는 전통적 해석과 단호한 해석 중 어떤 입장의 손을 들어 주어야 할까? 아무래도 두 해석 중에 어느 쪽도 만족스러운 설명을 제공하지는 못하는 듯하다. 양쪽 입장 모두 어떤 방식으로든 역설을 피할 수 있는 방법을 좀처럼 찾기 힘들기 때문이다. 이 두 입장을 보완할 제3의 대안적 해석을 내놓으려는 다수의 국내외 학자들의 시도가 있지만 아직은 논쟁의 여지 속에 남아 있다.

비트겐슈타인은 『논고』의 머리말에서 "여기서 전해진 사고들의 진리성은 나에게는 불가침적이며 결정적으로 보인다"고 확신한다. 우리는 그의 이러한 확신을 어떻게 이해해야 할까? 『논고』가 전달하는 불가침적이며 결정적인 사고의 진리성은 언어의 한계를 넘어서는 영역에 대해서 말하려는 그 어떤 시도도 무의미한 헛소리라는 것이다. 비트겐슈타인은 이러한 사고의 진리성을 전달하는 궁극적인 목표를 1919년에 자신의 책을 출판해 줄 거라고 믿었던 출판사 사장인 폰 피커Ludwig von Ficker에게 쓴 편지에 다음과 같이 밝히고 있다.

이 책의 요점은 윤리적입니다. 한때 나는 지금은 이 책에 없지만, 당신에게 이해의 실마리가 될지 몰라 지금 여기에 쓰려고

하는 몇 마디를 서문에 포함시키려고 한 적이 있었습니다. 내가 쓰길 원했던 내용은 다음과 같습니다. "내 저작은 두 부분으로 이뤄졌다. 첫 번째는 여기에 쓰인 것이고, 두 번째는 여기에 내가 쓰지 않은 모든 것이다. 그리고 바로 이 두 번째 부분이 중요한 것이다. 윤리적인 것은 말하자면 내 책에 의해서 내부로부터 한계 지어진 것이다. 나는 이것이 엄격하게 그런 경계를 긋는 유일한 방법이라고 확신한다. 요컨대, 나는 내 책에서 오늘날 많은 이들이 떠들어 대는 모든 헛소리를 그것에 대해 침묵함으로써 단호하게 제자리에 놓는 일을 수행했다고 믿는다."

『논고』의 핵심은 윤리적이고, 윤리적인 것은 이 책 내부로부터 한계가 지어져 있다. 여기서 '내부로부터 한계 지음'이란 『논고』의 명제들이 전달하는 이런 사고의 진리성을 『논고』 자체에 적용함을 말한다. 그리고 여기서 우리는 비트겐슈타인이 『논고』를 쓴 최종 목적이 존재론이나 의미론과 같은 어떤 특정 이론을 주장하는 것이 아니라 이 책에 쓰이지 않았지만 더 중요한 부분을 책의 내부로부터 경계 짓기 위한 것임을 확인할 수 있다. 언어의 한계를 넘어서는 영역에 대해서 말하려는 그 어떤 시도도 무의미한 헛소리라는 사고의 진리성을『논고』자체에 적용할 때 독자들은『논고』역시 무의미한 헛소리임을 깨닫게 된다. 비트겐슈타인은『논고』에서 이루어진 자신의 철학적 작업을 일종의 주해 작업으로 정의하면서, 그 사다리를 밟고 올라가려는 최종 목적지는 "세계를 올바로 바라보는 것"(논고 6.54)이라고 분명히 밝히고 있다.『논고』라는 사다리를 딛고 올라설 때 우리는 드디어 현실 세계를 영원의 관점에서 한계 지어진 전체로서 바라볼 수 있게 된다.

세계를 영원의 관점에서 바라보는 것은 세계를 전체―한계 지어진 전체―로서 바라보는 것이다.
한계 지어진 전체로서의 세계에 대한 느낌은 신비로운 것이다.(논고 6.45)

이때 우리가 마주하게 되는 진리는 말해질 수 있는 과학적 진리들로 한계 지어지는 현실 세계를 '한계 지어진 전체'로 볼 때 신비스러운 느낌과 함께 체험하게 되는 진리성이다. 영원의 관점에서 세계를 보는 것은 또 다른 새로운 사실을 보는 것이 아니라 우연적인 사실들로 가득한 익숙한 현실 세계를 '한계 지어진 전체'로서 신비로운 느낌과 함께 완전히 다른 세계로 체험하는 것이다. 이런 의미에서 비트겐슈타인은 우연적으로 일어나서 사실들이 아닌 세계의 한계, 즉 한계 지어진 전체로서의 세계가 우리에게 느껴지는 방식을 변화시키는 윤리적 주체로서의 의지의 역할을 언급한 것이다.(논고 6.43)

젊은 비트겐슈타인에게 철학이 해야 할 일은 말하여질 수 있는 언어의 한계를 긋고 그 한계를 넘어서 말하려는 일체의 시도가 무의미한 헛소리라는 것을 밝히면서, 그 결과로 말하여질 수 없는 것들이 스스로 드러나도록 기여하는 학문이 되는 것이다. 이를 위해 그는 『논고』를 저술했고, 독자들이 자신의 책(사다리)을 딛고 서서 세계를 영원의 관점에서 한계 지어진 전체로 바라보게 함으로써 자신의 삶을 바꿀 수 있기를 간절히 바랐을 것이다. 『논고』는 독자들이 바로 이러한 목표로 나아가기 위해 반드시 딛고 넘어서야 할 사다리이다. 이러한 해석이 맞는다면, 결국 『논고』는 다름 아닌 한 지성인이 겪은 일련의 사고의 발전을 자전적으로 기술한 작품이라고 이해해도 좋을 것이다. 비트겐슈타인은 자신이 그랬던 것처럼, 독자들도 우선 철학에 사로잡히고 그 철학의 사다리를 넘어 그것을 극복함으로써 철학적 명제들이 무의미하다는 것을 깨닫기를 바랐을 것이다. 하지만 이 과정은 단순히 부정적이고 허무한 것이 아니다. 오히려 말하여질 수 없지만 보여질 수 있는 것에 시선을 돌리게 하는 긍정적이고도 적극적인 기여를 하는 과정이다. 왜냐하면 비트겐슈타인은 이것이 엄격하게 경계를 긋는 유일한 방법이고 이런 과정 없이 영원의 관점과 결부되는 초월적이고 절대적인 진리성에 도달할 수 없으며, 그래서 세계를 올바로 볼 수 없다고 확신했기 때문이다. 이렇게 볼 때, "여기서 전해진 사고들의 진리성은 나에게는 불가침적이며 결정적"이라는 『논고』의 머리말과 이 책의 명제들이 무의미한 헛소리라는 6.54절의 언급 사이의 역설적 긴장은 조금이나마 해소될 수 있지 않을까 조심스럽게 생각해 본다.

세창사상가산책 | LUDWIG WITTGENSTEIN

2

후기 비트겐슈타인

1
『철학적 탐구』를 읽기 전에

1) 간추린 생애

『논고』를 완성한 비트겐슈타인은 러셀과 자신이 매달려 온 언어, 논리학 그리고 형이상학 등의 문제들을 최종적으로 해결했다고 확신했다. 그리고 그 후로 1929년까지 철학 활동을 중단한다. 대신 5년의 전쟁 동안 겪었던 극한 체험과, 같은 기간에 읽었던 실존주의와 종교에 관한 책들은 그에게 상당한 변화를 일으킨다. 전쟁 후 러셀은 한 친구에게 보낸 편지에서 당시 그가 만난 비트겐슈타인은 완전히 신비주의자가 되어 있었고, 수도자가 되는 것을 심각하게 고민하면서 자신에게 수도원 입회에 관해서 묻기까지 했다고 전한다. 1913년 부친의 사망으로 엄청난 재산을 상속받게 된 비트겐슈타인은 단 한 푼도 받지 않을 것을 집요하게 고집하면서 자신의 상속분을 모두 형제자매에게 나누어 주고 여러 예술가에게 기부한다. 그가 이렇게 전 재산을 기부한 이유는 안락함과 풍요가 완전한 인간이 되는 길에 방해가 된다고 생각했기 때문이다. 그러고 나서 비트겐슈타인은 교사가 될 것을 결심하고 몇 년간 오스트리아 시골에 있는 초등학교에서 아이들을 가르쳤다. 비트겐슈타인의 누이 헤르미네의 증언에 따르면, 비트겐슈타인은 수업할 때 단순히 가르치지 않고 질문을 통해서 아이들이 해결책을 수정할 수 있도록 이끌려고 했다고 한다. 하지만 완벽주의자였던 그는 쉽게 집중하지 못하는 학생들을 견디지 못했고, 결국엔 학생을 체벌한 것이 문제가 되어 1926년에 교사직을 그만두게 된다. 그리고 아주 짧게 수도원의 정원사로 일했고 건축가 엥겔만Paul Engelmann과 함께 누이 그레틀을 위한 집 건축에 참여하게 된다.

비트겐슈타인이 교사와 정원사 그리고 건축 일을 하며 보낸 기간 동안 그는 케임브리지와 자신의 고향인 빈에서 『논고』의 가치를 알아본 연구자들에게 이미 전설적인 인물이 되어 있었다. 고국에 머무는 동안 비트겐슈타인은 새로운 철학 작업을 시작하지 않았지만, 철학으로부터 완전히 거리를 둔 것은 아니었다. 그는 지속적으로 철학자들과 접촉을 가지면서 『논고』에 관한 토론을 가졌다. 케임브리지에서 수학과 철학을 공부하던 젊은 학생으로『논고』의 영어 번역을 맡았던 램지는 1923년에서 1924년 사이에 몇 차례 초등학교 교사였던 비트겐슈타인을 방문해서 그의 책을 주제로 토론했다. 1926년에 비트겐슈타인은 그레틀의 중재로 당시 빈대학의 철학 교수이자 논리실증주의라는 철학적 관점으로 잘 알려진 빈학파의 슐리크M. Schlick을 만나게 된다.『논고』가 출판되자마자 그 가치를 인정하고 찬양자가 된 슐리크는『논고』를 성경처럼 여기며 배우고 싶어 하는 학파의 정기적인 모임에 비트겐슈타인이 참석하도록 설득하지만 성공하지는 못했다. 대신 1927년에 비트겐슈타인은 슐리크와 바이스만F. Waismann, 카르납R. Carnap 그리고 파이글H. Feigl 등 당시 빈학파의 주역들을 포함한 일부 회원들과 주기적으로 만난다. 하지만 그 자리는 학파 사람들이『논고』를 자신들이 주장하는 일종의 실증주의를 제안한 책으로 착각했음을 확인하는 계기가 되고 만다. 특별히 언어의 한계에 관한 주장뿐만 아니라 언어로 담을 수 없는 가치에 대한 비트겐슈타인의 확고한 믿음은 그들에게 큰 괴리감을 느끼게 만든다.

앞서 말한 대로,『논고』를 완성한 뒤 비트겐슈타인은 자신의 철학적 문제들에 대한 최종적인 해결책을 발견했다고 확신한다. 하지만 램지 그리고 빈학파 회원들과의 토론은 그에게 그러한 확신을 조금씩 거두게 만들고 다시 철학을 하고픈 열망을 갖게 만드는 계기가 된다. 그러다가 램지는 케임브리지에 다시 돌아와서 철학 활동을 재개하도록 비트겐슈타인을 설득하는 데 성공하게 되고, 1929년에 드디어 그는 케임브리지로 돌아오게 된다. 당시 『논고』는 이미 열정적인 논의의 중심에 있었기 때문에 케임브리지의 최고 지성인들은 책의 저자를 열렬히 환영했다. 하지만 비트겐슈타인은 재정적 도움 없이 철학 연구를 계속할 수 없었다. 그래서 오직 대학에서 연구비를 얻을 목적으로 박사학위를 받아야 했다. 아이러니하게도 박사학위를 위해 제출된 논문은 7년 전에 출판되어 많은 사람들에게 이미 고전이 되어 버린 『논고』였고, 논문심사는 무어G. E. Moore와 러셀이 맡게 된다. 심사자들은 비트겐슈타인에게 몇 가지 자신들의 의견을 이야기하지만 그를 전혀 설득하지 못했다. 심지어 비트겐슈타인이 그들을 위로하듯 "걱정마세요. 나는 당신들이 그것을 결코 이해할 수 없다는 걸 압니다"라고 말했다는 믿을 수 없는 이야기까지 전해지

는 것을 보면 당시 논문심사장의 분위기가 어땠는지 짐작할
만하다.

1930년부터 비트겐슈타인은 케임브리지에서 강의와 토론
의 형식으로 학생들을 가르치기 시작한다. 그 무렵부터 비트
겐슈타인은 여러모로 『논고』에 만족을 느끼지 못하게 되고,
그 책의 중심에 놓인 문제들을 다시 숙고하고 해결할 수 있
는 보다 새롭고 나은 방법을 열정적으로 찾으면서 이전과는
완전히 다른 새로운 언어관을 조금씩 발전시킨다. 이와 더불
어 그의 철학관도 의미심장한 변화를 겪게 된다. 비트겐슈타
인은 더 이상 철학적 문제들이 최종적으로 해결될 수 있다고
생각하지 않게 된다. 그는 철학이 일종의 치유 활동이 되어야
한다는 입장을 지속해서 유지하지만, 실제 치유 활동이 다양
한 방법을 사용하는 것처럼 철학도 다양한 방법을 활용할 수
있어야 한다고 생각하기 시작한다. 『논고』와 비교해서 이때
나타나는 스타일상의 뚜렷한 변화도 언어와 철학의 본성에
관한 이러한 관점의 변화가 반영된 것이다.

2) 『철학적 탐구』의 특징

1953년에 출판된 『탐구』는 비트겐슈타인의 후기 사상을 대표하는 작품으로 1929년 그가 철학에 복귀한 이후로 오랜 기간에 걸쳐 이루어진 철학적 사색의 결과물이다. 비트겐슈타인은 이 책의 출판을 염두에 두고 1937년부터 1945년까지 집필했고, 1945년에 『탐구』의 제1부 타자본 원고가 완성된다. 하지만 비트겐슈타인은 그 후에도 관련된 주제들에 관한 연구를 지속한다. 아마도 그가 1951년에 생을 마감하지 않았다면 그 연구 결과물 중 일부는 타자본 원고에 추가되었을 가능성이 높다. 따라서 『탐구』가 출판될 때 당시 편집을 맡았던 앤스콤G. E. M. Anscombe과 리스R. Rhees는 1947년부터 1949년 사이에 비트겐슈타인에 의해 작성된 원고들 가운데 주제와 연관성이 있는 원고들을 모아 '제2부'라는 제목으로 『탐구』에 삽입하기로 결정한다. 하지만 이 부분은 비트겐슈타인의 유고 연구가 진척되면서 책의 일부가 아니라 출판을 전혀 염두에 두지 않은 독립적인 별개의 저작으로 여겨지게 된다. 그래서 해커P. M. S. Hacker와 슐테Joachim Schulte가 편집을 맡은 2009년에 출판된 『탐구』의 4번째 개정판에서는 '심리철학-단편'이라는 제목으로 수정되어 부록처럼 수록된다.

그의 전기 철학을 대표하는『논고』는 독창적인 내용을 담고 있지만, 프레게와 러셀의 영향과 함께 그들이 제기한 철학적 문제의식에 기반을 두고 전개된다는 점에서 이 두 사상가의 영향 아래 쓰인 작품이 분명하다. 하지만『탐구』는 철학사 안에서 그 유래를 찾아볼 수 없을 만큼 획기적이고 창의적인 사유를 담고 있다.『논고』에 비해『탐구』는 전문용어를 거의 사용하지 않았고 훨씬 더 일상적이고 접근 가능한 방식으로 쓰였다. 그럼에도 불구하고 이 책은『논고』못지않게 난해하기로 유명하다. 물론『논고』처럼『탐구』도 전통적인 철학책처럼 주장을 정당화하기 위한 논증 형식으로 쓰이지 않아서 독자들이 어렵게 느낄 수밖에 없지만, 사실『탐구』가 이해하기 어려운 이유는『논고』의 경우와는 상당히 다르다. 우선 각 절마다 번호가 매겨져 있지만『논고』처럼 내용의 체계적 구성을 위한 의도가 있는 것은 아니고, 각 절의 분량도 적게는 한 줄 많게는 한 페이지 이상으로 일관성이 없다.『탐구』는 매일 떠오르는 새로운 아이디어를 일기처럼 적어 놓고 후에 대화의 형식으로 풀어헤친 것으로 다양한 주제들에 대한 시험적 대화라고도 볼 수 있다. 그래서 이 책은 한 주제에 관해서 논의하다가 갑자기 다른 주제에 관한 논의로 이동하기도 하고 쉽게 식별할 수 있는 체계나 구조도 존재하지 않는다. 따라서 『탐구』를 당시 비트겐슈타인의 신념을 소개한 것으로 여기기보다는 그가 다룬 주제들을 통해서 사고하는 방식, 달리 표현하면 어떻게 철학을 할 것인가를 우리에게 보여 주고 있다고 생각하는 것이 더 나을지도 모른다.

이런 이유에서인지 『논고』가 단호한 주장들로 이루어진 반면, 『탐구』는 주장들뿐 아니라 784개의 질문과 110개의 답변을 포함한 일종의 대화로 이루어져 있다. 그리고 이 대화는 플라톤의 소크라테스식 대화법처럼 다양한 관점을 소개하고 그것들 사이에서 발생하는 갈등을 관통해서 해법을 찾으려 하지만 항상 최종적인 해결에 이르지는 않는다. 게다가 답변 중에는 70개나 되는 잘못된 답변을 의도적으로 소개하는 경우도 있는데 언뜻 보기엔 잘못인지 분명하지 않아서 독자들을 자주 혼란에 빠지게 한다. 또한 플라톤의 대화 구성에서는 항상 특정 이름을 가진 등장인물들이 의견을 제시하지만, 『탐구』에서는 등장인물의 이름이 없다. 심지어 어떤 경우에는 "누군가가 이렇게 말했다고 상상해 보라"라고 말하면서 말문을 열기도 하고(탐구 14절), 어떤 경우에는 단순히 인용 표시만 삽입하기도 하고, 때로는 인용 표시 없이 단순히 대쉬(—)만을 사용하거나 지지할 의도가 없으면서도 인용 표시 없이 어떤 명제를 주장하는 경우도 있어서 그것이 대화 내용인지조차 분간하기 어렵다. 이러한 어려움 때문에, 많은 독자들이 아무 문제없이 비트겐슈타인과 대화 상대를 식별할 수 있을 거라고 믿지만 결코 쉬운 일이 아니다. 심지어 전문적인 연구자들도 비트겐슈타인과 그의 주장에 대한 가상의 해석자를 혼동하는 경우도 있는데, 이 경우 그의 입장이 심각하게 왜곡될 수 있으므로 주의해야 한다. 이런 내용과 스타일의 난해함에도 불구하고, 같은 이유로 출판할 곳을 찾기 어려웠던 『논고』와 달리 『탐구』를 출판할 의지가 있는 출판사를 찾는 것은 비교적 쉬웠다. 하지만 완벽주의자였던 비트겐슈타인은 자신의 원고를 끊임없이 수정·보완하려 했고, 따라서 책의 출판이 계속 늦어지다가 결국 그가 암으로 사망한 후 1953년에 비로소 세상에 모습을 드러내게 된다.

3) 후기 철학관

비트겐슈타인의 전기 철학과 후기 철학 사이에는 철학관과 방법론 그리고 세부적인 과제 등에 있어서 연속성과 불연속성이 동시에 자리한다. 『논고』에서 모든 언어가 따라야 하는 유일하고 보편적인 구문론적 규칙은 '논리'였다. 논리는 언제나 언어의 사용자와 구체적인 상황들과는 독립적으로 기호들의 결합 가능성을 고정시키고 뜻이 있는 명제들의 경계를 정한다. 그런데 논리는 우리들의 일상적인 언어사용에서 드러나지 않고 그 배후에 숨겨져 있기 때문에 언어의 논리에 대한 오해가 생기게 되고, 바로 이 오해로부터 무의미한 철학적 문제들이 발생하게 된다.(논고 4.003) 지금까지 수많은 철학자들이 제기한 대부분의 철학적 문제들도 사실은 언어의 논리를 오해해서 생긴 사이비 문제들이라는 것이 비트겐슈타인의 통찰이다. 따라서 이제 언어적 혼란에서 벗어나기 위해서 철학은 명제들의 논리적 명료화의 작업이 되어야 한다.

하지만 비트겐슈타인이 『논고』에서의 이러한 성찰이 충분하지 않다는 것을 깨닫는 데에는 오랜 시간이 걸리지 않았다. 철학에 대해서 다시 생각하기 시작한 1929년에 이미 그는 언어에 대한 자신의 관점에 큰 변화가 필요하다는 것을 알고 있었다. 무엇보다도 언어를 포함한 삶의 다양성을 하나의 이론으로 환원하여 단 하나의 방식으로 바라본다면 유익함보다 손해가 더 클 것이라는 점을 간파하고 있었다. 그래서 결국엔 언어가 의미를 갖고 사용되기 위해서 필수적이라고 여겼던 단일하고 보편적인 논리적 질서가 언어 자체에 속한 것이 아니라 언어를 하나의 정확한 계산처럼 여긴 일방적인 선입견의 결과라는 것을 깨닫게 된다. 이런 깨달음과 함께, 비트겐슈타인은 언어를 지배하는 규칙이 다양한 언어사용의 맥락에 따라 규정된다고 확신하면서 일상에서 우리가 언어를 사용하는 구체적인 실천으로 관심을 돌리게 된다. 그리고 그 결과로 모든 언어를 지배하는 단일하고 보편적인 '논리' 개념 대신 각각의 언어사용마다 다양하고 고유한 규칙인 '문법' 개념을 전면에 내세우게 된다. 이것이 바로 전·후기 비트겐슈타인 사이에 놓인 가장 두드러진 불연속성이다.

『논고』에서 겉으로 드러난 명제의 논리적 형식이 반드시 그것의 실제 형식과 일치하지 않는 것처럼, 『탐구』에서도 문법은 '피상적인 문법'과 '심층적인 문법'으로 구분된다.(탐구 664절)

우리가 사용하는 언어의 겉으로 드러난 문법, 즉 피상적인 문법은 언어놀이들의 다양한 사용 방식과 진정한 문법(심층적인 문법)을 제대로 반영하지 못하고 왜곡시킨다. 따라서 이제 언어의 명료화는 문법적 분석을 통해 진정한 문법을 드러내는 것이다. 예를 들어서, "나는 내가 진정으로 고통을 느끼는지 알 수 있다"라는 문장은 피상적인 문법의 차원에서 아무런 문제도 없어 보인다. 하지만 "내가 고통을 느끼는 것을 내가 모르거나 의심할 수 있을까?"라는 질문과 함께 우리는 앞선 문장이 심층적인 문법의 차원에서 무의미하다는 것을 쉽게 확인할 수 있다. 내가 고통을 느끼는 것을 내가 모르거나 의심할 수 있다면, 그것은 정의상 더는 고통이 될 수 없기 때문이다. 그러므로 '안다know'라는 표현을 고통과 같은 감각에 적용하는 것은 문법적 오류일 수밖에 없다.(탐구 246절) 이렇게 심층적인 문법은 『논고』의 논리처럼 언어의 실제 사용 이면에 숨겨진 어떤 것이 아니다. 그것은 일상적인 언어사용 안에 이미 드러나 있지만 단지 그것이 우리의 눈에 일목요연하게 보이지 않을 뿐이다. 따라서 이제 철학의 목표는 어떤 새로운 이론을 세우는 작업이 아니라 진정한 문법(심층적인 문법)을 드러내는 언어의 명료화 작업이다. 이를 위해 철학이 해야 할 일은 하나의 낱말이 다양하고 구체적인 상황에서 실제로 어떻게 사용되는지 주의 깊게 살펴보고 그것을 일목요연하게 기술하는 작업, 즉 '문법적 탐구'가 된다.(탐구 92, 122, 124절)

하지만 『논고』와 『탐구』 사이에는 근본적인 연속성도 존재한다. 비트겐슈타인의 철학관에서 전기에서 후기까지 변함없이 유지되는 첫 번째 핵심은 철학이 자연과학 중 하나가 아니라는 확신이다.(논고 4.111, 4.112; 탐구 109절) 과학이 이론적 가설을 세우고 관찰과 실험을 통해 그 가설을 입증함으로써 자연현상 밑에 숨겨져 있는 원인을 '설명'하는 학문이라면, 철학은 언어와 사고의 명료화 작업이다. 『논고』에서 뜻이 있는 명제들은 모두 다 사실들에 관한 문장들로 자연과학에서 다루는 것들이다. 반면 철학은 오로지 말할 수 있는 것(명제)을 명료화하면서 그것의 한계를 드러내는 작업이다.(논고 머리말, 4.114, 4.115) 따라서 철학 활동의 결과는 '철학적 명제'가 아니라 '명제들이 명료해짐'으로 나타나야 한다. 철학은 철학적 명제들을 결과로 내는 추상적이고 이론적인 작업이 아니라 우리가 일상에서 사용하는 명제들을 명료하게 하는 구체적 활동이라는 것이다.(논고 4.112) 비트겐슈타인은 『탐구』에서도 어떠한 철학적 이론을 전달하려고 하지 않았고, 비록 결은 다르지만 철학이 언어와 사고의 명료화라는 역할을 수행해야 한다는 확신을 여전히 유지한다. 하지만 낱말의 사용은 이미 숨김없이 드러나 있으므로 과학처럼 이론적 가설을 세우고 추가적으로 '설명Erkärung'할 필요가 없다. 철학은 "아무도 의심해 본 적이 없는, 그리고 단지 우리 눈앞에 늘 있다는 이유로 의식되지 못하고 사라지는"(탐구 415절) 언어의 실제 사용을 주목하고 그것을 일목요연하게 '기술Beschreibung'하는 '문법적 탐구'가 되는 것으로 족하다. 그러므로 철학에서 "모든 설명은 사라져야 하고, 오직 기술이 그 자리를 대신해야 한다."(탐구 109절) 이런 의미에서 철학은 우리가 실제로 사용하는 언어를 어떤 식으로든 침해하지 않고 "모든 것을 있는 그대로 둔다."(탐구 124절)

　전·후기를 통틀어서 비트겐슈타인이 지속적으로 유지하고 있는 철학관의 두 번째 핵심은 기존의 철학적 문제들 대부분이 언어에 대한 오해에서 야기된 결과물이라는 것이다. 『논고』의 머리말에서 비트겐슈타인은 이 책이 본질적인 점에서 철학적 문제들을 최종적으로 해결했다고 자신한다. 그 최종적 해결책이란 요약하자면 철학적 문제들이 언어의 논리에 대한 오해에서 발생하는 것이기 때문에 사고의 한계, 더 정확히 말하면 사고의 표현인 언어의 한계를 명확히 함으로써 그 한계를 벗어난 무의미한 철학 문제들과 이론들을 해소하는 것이다. 이와 유사하게 『탐구』에서도 비트겐슈타인은 언어에 대한 오해를 말끔히 정리함으로써 그로 인해 발생한 사이비 철학적 문제들과 이론들을 해소하는 목표를 지향한다. 낱말의 실제 사용 방식을 고찰하고 일목요연하게 기술하는 문법적 탐구를 하는 이유도 결국 낱말의 피상적인 문법이 우리에게 일으킨 혼란으로 야기된 사이비 철학적 문제들을 해소하기 위해서이다. 따라서 비트겐슈타인은 『논고』에서처럼 『탐구』에서도 일체의 언어 오용을 비판하면서 무의미한 명제를 구분해 내는 작업을 지속한다. 『논고』에서 무의미한 명제는 논리적 구문론의 규칙을 위반한 것이다. 논리적 구문론의 규칙이 기호들의 결합 가능한 형식을 고정시킴으로써 명제가 지니는 뜻의 경계를 정한다. 따라서 '무의미'는 언제나 명백하며 상황-독립적이다. 반면 『탐구』에서는 유의미와 무의미의 구분이 상황-의존적이다. 낱말의 의미가 다양한 맥락에 따라 결정된다고 보기 때문에 『탐구』에서 '무의미'는 상황–의존적인 개념이 될 수밖에 없다.

　『탐구』에서 언어의 의미는 구체적인 상황에서 실제로 사용될 때, 다시 말해서 언어놀이의 일부로 사용됨으로써 비로소 생겨난다. 따라서 무의미는 낱말이 구체적으로 사용되는 그 낱말의 고향인 언어놀이와 무관하게 사용할 때 발생하게 된다. 그리고 이렇게 발생한 무의미가 바로 사이비 철학 문제를 불러일으키는 주범이라는 것이 후기 비트겐슈타인의 핵심 통찰이다. 하지만 지금까지 많은 철학자들이 이점을 간과한 채 '지식', '존재', '자아', '진리', '선_善' 등과 같은 개념들을 그것들이 의미를 획득하는 구체적인 사용으로부터 고립시켜 철학적 (형이상학적)으로 사용해 왔고, 이 과정에서 수많은 사이비 철학 문제들을 만들게 된다. 이처럼 "철학적 문제들은 언어가 일 없이 쉴 때 생긴다."(탐구 38절) 여기서 "언어가 일 없이 쉴 때"란 낱말이 사용되는 고향인 언어놀이와 무관하게 고립적으로 사용될 때를 말한다. 따라서 철학자들은 낱말들이 실제로도 그 것의 고향인 언어놀이에서 사용되는 방식으로 사용되는가를 물어야 한다. 결국 문법적 탐구로서의 철학 활동이 지향하는 궁극적인 목표는 낱말들이 실제로 사용되는 언어놀이와 무관하게 사용하는 철학적(형이상학적) 사용을 다시 그들의 고향인 일상적 사용으로 되돌려 놓는 것이다.(탐구 116절)

이러한 철학 활동이 지향하는 궁극적인 목표로부터 비트겐슈타인의 전 철학 여정을 관통하는 철학관의 세 번째 핵심이 자연스럽게 드러난다. 그것은 바로 철학이 일종의 치유 활동이 되어야 한다는 확신이다. 철학은 우리를 언어적 혼란에서 벗어나게 함으로써 그 혼란이 야기하는 무의미한 철학적 문제들로부터 우리를 해방시키는 치유 활동이 되어야 한다. 하지만 그 활동의 구체적인 내용과 목표에 대해서는 전·후기 사이에 현저한 차이가 있다. 『논고』에서 기존의 철학적 문제들은 언어의 논리에 대한 오해에 원인을 둔다. 따라서 이제 비트겐슈타인에게 철학은 우리가 말할 수 있는 한계를 명료하게 밝히고 그 한계를 넘는 일체의 월권적인 언어사용을 비판하는 '언어 비판활동'이 되어야 한다. 이제 "철학은 교설이 아니라 활동이다."(논고 4.112) 철학은 지금까지 제기되었던 수많은 철학적 문제들이 언어의 논리가 허용하는 범위를 넘어서 언어를 사용함으로써 무의미한 문장들로 구성된 사이비 철학적 문제들이었음을 밝히고, 더는 그것들을 해결하려고 곤혹스러워하지 않도록 철학자들을 해방시키는 치유 활동이 되어야 한다. 반면 '논리' 개념이 '문법' 개념으로 대체된『탐구』에서는 철학의 치유 활동이 '논리적 분석'이 아닌 '문법적 탐구'로 대체 된다. '문법적 탐구'란 낱말들의 실제적인 사용을 일목요연하게 기술함으로써, 그것과 무관한 언어사용(형이상학적 사용)이 야기한 무의미한 철학적 문제들을 해소하는 치유 활동이다. 이 활동을 통해 잘못 사용된 낱말들을 다시 그들의 고향인 일상적인 언어사용으로 되돌려 놓을 수 있다면, 언어적 혼란이 일으킨 사이비 철학 문제도 눈 녹듯 사라지고 철학자들도 더는 그것들로 인해 채찍질 당하지 않게 될 것이다.(탐구 133절) 결국『논고』의 논리적 분석처럼『탐구』의 문법적 탐구의 최종 목표도 철학적 문제들을 해결solution하는 것이 아니라 언어의 오용이 발생시킨 문제 자체가 사이비 문제임을 폭로함으로써 해소dissolution하는 것이다.

이처럼 문제는 우리가 일상에서 사용하는 언어 자체에 있는 것이 아니라 언어의 일상적인 사용으로부터 유리된 형이상학적 오용과 그러한 오용을 유발하는 우리 안에 뿌리 깊게 자리한 잘못된 그림에 있다. 따라서 우리를 사로잡는 이러한 잘못된 그림에서 벗어나게 해 줄 치료가 필요한데, 이것이 바로 철학이 해야 할 일이다. 이런 의미에서 철학 활동의 목표는 "파리에게 파리통에서 빠져나갈 출구를 가리켜 주는 것"(탐구 309절)과도 같다. 파리통fly-bottle은 파리가 좋아하는 냄새에 강하게 끌리는 것을 이용해서 파리를 통 속으로 유인하고 그 안에 갇히도록 고안된 장치이다. 파리통 밑에 파리가 좋아하는 냄새가 나는 음식을 놓아두면 통 아래에 있는 통로를 통해 파리들이 안으로 들어가 간다. 하지만 병 안에 들어간 파리들은 위로 날아 올라가려는 성향 때문에 계속해서 투명한 유리 벽에 부딪혀 결국 그 안에서 죽게 된다. 통 속의 파리들은 처음에 날아 들어간 통로가 통 아래쪽에 있는데도 위로만 날아오르려는 강한 경향성 때문에 그것을 찾지 못하고 덫에 걸려 빠져나오지 못한다. 여기서 강한 경향성 때문에 덫에 걸려 탈출하지 못하는 어리석은 파리는 언어에 관한 '잘못된 그림'에 집요하게 사로잡혀 사는 철학자들을 비유적으로 표현한 것이다.(탐구 115절) 비트겐슈타인은 잘못된 그림에 사로잡혀 언어적 혼란을 겪으면서 계속해서 무의미한 사이비 문제들을 만들고 그것들을 해결하려고 곤혹스러워하는 철학자들을 마치 파리통에 빠져 허우적대는 파리의 모습과 같다고 본 것이다.

앞으로 살펴보겠지만, '잘못된 그림' 중 대표적인 사례는 모든 것의 본질을 찾거나 이론을 만들려는 태도이다. 비트겐슈타인이 볼 때, 전통 철학자들은 오랫동안 이 잘못된 그림에 사로잡혀 그것을 통해 모든 철학적 질문과 답을 찾으려고 했다. 우리는 우리를 곤혹스럽게 만드는 철학적 문제들을 대할 때마다 이러한 잘못된 그림에 강하게 이끌리지만, 모든 것의 본질을 찾거나 이론을 만들려는 강한 유혹에 빠지면 빠질수록 철학적 문제는 더욱더 풀기 어려운 문제로 악화될 뿐이다. 왜냐하면 이론들은 우리가 사용하는 낱말의 고향으로부터 우리를 더욱 멀리 떨어지게 만들기 때문이다. 따라서 철학자들은 본질을 찾거나 이론을 만들려는 강한 유혹에 더는 마음을 빼앗기지 않고 자연스럽게 낱말의 실제 사용을 직시할 수 있어야 한다. 그렇게 된다면 사이비 철학적 문제들도 눈 녹듯 사라지게 될 것이다. 철학자들은 철학적 문제들을 마치 질병처럼 여기고(탐구 255절) 치유해야 하며, 언어를 수단으로 해서 우리의 지성에 걸린 마법에 맞선 투쟁"(탐구 109절)을 해야 한다.
이제 이러한 치유 활동으로서의 철학을 후기 비트겐슈타인이
구체적으로 어떻게 실천하는지 살펴보자.

2
의미와 언어놀이

1) '지시적 정의'의 역설과 문법적 자리

비트겐슈타인은 아우구스티누스의 『고백록』의 한 대목을
인용하면서 『탐구』를 시작한다.

> "그들(어른들)이 그 어떤 대상을 명명하고 그에 맞춰 그 대상을
> 향해 몸을 움직였을 때, 이것을 보고 나는 그들이 그것을 가리
> 키려고 할 때 낸 소리로 그 대상을 지칭하였다는 것을 알게 되
> 었다."(『고백록』 I. 8: 탐구 1절에서 재인용)

비트겐슈타인은 이 인용문을 지시의미론의 전형적인 사례로 소개한다. 지시의미론은 낱말의 의미를 그것이 지시하는 물리적 사물이나 심리적 관념 같은 대상(지시체)으로 보는 입장으로, 아우구스티누스뿐만 아니라 플라톤 이래로 대부분의 서양 철학자들이 오랜 기간 정설로 받아들여 온 의미론이다. 이러한 전통적 의미론은 현대에도 프레게, 러셀 그리고 심지어 비트겐슈타인 자신이 『논고』에서 주장한 것이기도 하다. 『논고』에서 "이름은 대상을 의미한다. 대상은 이름의 의미이다."(『논고』 3.203) 그리고 명제는 이름들의 연쇄로 보고 사실은 대상들의 결합으로 보기 때문에, 결국 하나의 명제가 뜻을 갖게 되는 궁극적인 이유는 그것을 구성하는 요소인 이름들이 세계를 구성하는 요소인 대상들을 지칭하며 대응하기 때문이다. 이런 의미에서 그의 입장은 일종의 지시의미론인 셈이다. 지시의미론의 잘 알려진 단점은 낱말의 의미를 그것이 지시하는 대상으로 보기 때문에 만일 그 대상이 사라지면 의미 역시 상실될 수밖에 없다는 문제다. 하지만 이런 결론은 우리들의 상식과 너무 거리가 멀다. 예를 들어서, 셜록 홈즈가 실존 인물이 아니더라도 "셜록 홈즈는 탐정이다"라는 표현을 아무 문제없이 사용하고 이해할 수 있다. 지시의미론의 또 다른 단점은 모든 낱말이 고유명사처럼 대상을 지시하는 이름으로 기능하지는 않는다는 데 있다. 예를 들어서, "다섯", "그리고"라는 단어는 그것으로 지시할 수 있는 대상 자체가 없다.(탐구 1절) 또한 우리들의 일상적인 대화 속에는 "물!", "비켜!", "아야!", "도와줘!", "좋아!"와 같이 대상의 이름이라고 부를 수 없는 표현들도 많다.(탐구 27절) 그러므로 지시의미론만으로는 모든 낱말들이 어떻게 의미를 갖게 되는지를 남김없이 설명할 수 없다.

하지만 지시의미론의 보다 심각한 단점은 '지시적 정의 ostensive definition'가 언어의 기초를 제공한다는 점이다. 즉, 우리가 언어를 배운다는 것은 마치 사물에 이름표를 붙이듯 어떤 것을 가리키며 명명하는 지시적 정의를 통해 낱말의 의미가 획득된다는 말이다. 하지만 낱말이 의미를 갖게 되는 과정을 단순히 이렇게 설명한다면 문제가 발생한다. 예를 들어서, 내가 두 개의 탁자 위에 놓인 사과를 가리키면서 "이것을 '둘'이라고 하자!"라고 말했을 때 어떤 사람은 내가 사과들을 "둘"이라고 부르는 것으로 받아들일 수 있다. 또 내가 같은 방식으로 사과 집단에 어떤 이름을 붙이고자 할 때 그것을 다른 사람들은 숫자로 오해할 수도 있을 것이다. 이처럼 "지시적 정의는 어떤 경우든 이렇게도 저렇게도 해석될 수 있다."(탐구 28절) 하지만 우리가 일상적으로 언어를 사용하는 정상적인 상황에서는 이러한 역설은 발생하지 않는다. 왜냐하면 어떤 것의 이름을 묻기 위해서 우리들은 이미 어떤 것을 알거나 할 수 있기 때문이다.(탐구 30절) 예를 들어서, 우리는 오직 "이 수number는 '둘'이다" 또는 "이 색color은 '보라'다"라는 식으로 정의를 내린다. 이 말은 지시적 정의 이전에 "수" 또는 "색"이라는 낱말의 의미가 먼저 설명되어야만 한다는 것이다. 여기서 "수"나 "색"이라는 낱말은 우리가 '둘'이나 '보라'와 같은 낱말들을 어떤 문법의 자리에 놓는지를 보여 준다.(탐구 29절) 만일 이러한 조건이 채워지지 않는다면 오직 지시적 정의만으로는 어린아이가 한 낱말의 의미를 배우는 과정을 충분히 설명할 수 없다.

이처럼 지시적 정의가 성공적으로 이루어지려면 이미 그 낱말이 어떤 역할을 담당하는지, 어떻게 다른 낱말들이 그것과 함께 사용될 수 있는지, 그리고 이 낱말들의 사용에 일반적으로 동반되는 기대감이나 몸동작 같은 것들의 의미도 이미 파악하고 있어야 한다. 이 모든 것이 한 낱말이 의미를 갖게 되는 구체적인 문법적 자리이기 때문이다. 따라서 이러한 문법적 자리가 전제되지 않는 단순한 이름을 붙이는(명명하는) 행위는 낱말에 아무런 의미도 줄 수 없다. 우리가 누군가에게 장기놀이에서 왕王이라고 쓰인 장기말을 가리키면서 "이것은 왕이다"라고 명명한다고 해서 그에게 이 말의 사용이 설명되지 않는다. "이것은 왕이다"라는 말을 가르치고 배울 수 있는 가능성은 오직 이 말에 대한 설명이 놓이는 자리가 이미 준비되어 있을 때이다. 그 말을 가르치는 사람과 배우는 사람이 이미 장기놀이에 익숙해서 장기말이 무엇인지를 아는 맥락을 전제할 때만 이 말은 온전히 설명될 수 있다.(탐구 31절) 이처럼 명명하는 행위를 통해 하나의 낱말과 그것이 지시하는 사물 사이에 단일한 연결이 맺어진다고 그 낱말이 의미를 갖게 되는 것은 아니다. 비록 이러한 연결을 맺는다고 하더라도, 그것의 효과는 우리가 교육과 훈련을 받으면서 너무나도 당연하게 받아들이는 보다 넓은 구체적인 상황 내지 맥락에 의존하게 된다. 지시적 정의를 통한 가르침은 분명 낱말의 이해를 돕지만, 오직 특정 교육과 훈련과 함께 그렇게 된다. 만일 다른 교육과 훈련과 관련되었다면 같은 지시적 정의를 통한 가르침도 전혀 다른 이해를 야기할 것이다.(탐구 6절) 결국 지시적 정의의 역설은 보다 넓은 맥락과 교육이라는 문법적 자리의 존재를 간과한 채 고립된 '지시적 정의'만으로 낱말의 의미가 획득될 수 있다고 본 잘못된 그림의 결과일 뿐이다. 지시의 미론을 받아들였을 때 쉽게 상상할 수 있는 이런 그림은 언뜻 보기에 우리의 상식과 부합해 보이지만, 우리들의 일상적인 언어사용에서 절대로 발생하지 않는 비정상적인 상황일 뿐이다.

2) 일반성을 향한 갈망과 '언어놀이' 아이디어

이런 심각한 단점들에도 불구하고, 어떻게 지시의미론은 그토록 오랜 세월 동안 대다수 철학자들의 지지를 받아 올 수 있었을까? 그것은 우리가 언어의 실제 사용을 일목요연하게 보지 못한 탓이다.(탐구 122절) 더 정확히 말하면, 늘 언어를 사용하면서도 언어의 실제 사용을 올바로 보지 못하게 우리를 방해하는 이른바 '일반성을 향한 갈망'이라는 아주 오래된 고질적인 선입견 때문이다. '일반성을 향한 갈망'이란 모든 것에는 공통적인 어떤 본질이 있고 그것을 찾는 것이 철학이 해야 할 가장 중요한 과제라고 생각하는 플라톤 이후 전통 철학 안에 깊게 뿌리박힌 강박이다. 전통적으로 철학자들은 '지식', '존재', '자아', '선', '진리' 등에 관해 탐구하면서 도대체 그것들의 본질이 무엇인지를 이해하려고 노력해 왔다. 같은 맥락에서 그들은 "언어란 무엇인가?"라는 질문과 함께 우리가 실제로 사용하는 언어들이 공유하는 본질적인 무엇을 찾으려는 강박에서 헤어 나오지 못한다. 비트겐슈타인이 『탐구』를 시작할 때 아우구스티누스의 『고백록』을 인용한 것도 언어의 본질에 대한 이러한 고질적 강박의 전형적 사례이기 때문이다. 결국 비트겐슈타인은 젊은 시절 자신을 포함한 대부분의 철학자들이 일반성을 향한 갈망이라는 강박에서 벗어나지 못한 채 언어의 본질이 무엇인지를 알고자 했고, 그 해답으로 내놓은 지시의미론으로 모든 다양한 언어 현상을 설명하려 했음을 인정한다. 그리고 드디어 그는 이러한 강박 내지 잘못된 그림에서 우리를 해방시켜 줄 새로운 아이디어를 제시한다.

비트겐슈타인은 '일반성을 향한 갈망'을 달리 표현하면 '특수한 경우에 대한 경멸적 태도'라고 말한다. 결국 '일반성을 향한 갈망'이라는 고질적인 강박에서 벗어나기 위해서 우리가 해야 할 일은 개별 사례들을 집중해서 보고 그 유사성과 차이에 주목하는 것이다. 이런 배경에서, 언어를 '그림'에 비유한 아이디어가 비트겐슈타인의 전기 철학의 중심에 있었다면, 언어를 규칙이 지배하는 다양한 '놀이'로 보는 '언어놀이 Sprachspiel' 아이디어가 그의 후기 철학의 중심에 놓이게 된다. 우리가 '놀이'라고 부를 수 있는 것들을 생각해 보자. 보드놀이, 카드놀이, 공놀이 등 다양한 놀이에서 공통된 것은 과연 무엇인가? 비트겐슈타인은 우리에게 그것들을 '놀이'라고 부를 수 있게 하는 공통적인 어떤 것이 있어야만 한다고 "생각하지 말고, 보라!"(탐구 66절)고 조언한다. 낱말의 의미가 고정 불변한 것으로 생각하지 말고 다양한 상황에서 어떻게 사용되느냐에 따라 다른 의미를 지닐 수 있다는 것을 보라는 것이다. 그렇게 하면 그 낱말에 본질적인 것이 무엇인지를 찾기보다는 그 낱말이 구체적으로 어떠한 언어놀이에 어떤 방식으로 사용되고 있는지에 주목할 수 있기 때문이다. 우리에게 익숙한 놀이 중에 어떤 놀이는 공을 사용하고 어떤 놀이는 전혀 공을 사용하지 않는다. 공을 사용하는 놀이 중에는 손이나 팔에 공이 닿으면 안 되는 축구 같은 놀이도 있는가 하면, 발을 사용하면 안 되는 배구나 농구와 같은 놀이도 있다. 또 공을 손이나 방망이로 던지거나 쳐야 하는 놀이 중에 어떤 놀이는 농구처럼 시간제한이 있고, 어떤 놀이는 야구처럼 시간에 구애받지 않는다. 이처럼 우리에게 익숙한 무수히 많은 놀이를 단일한 방식으로 설명할 길은 없다. 언어놀이도 마찬가지다. 『논고』에서 본 언어는 '논리'라는 보편적이고 단일한 구문론적 규칙이 낱말들의 의미를 엄격하게 규정하는 기호체계였다. 하지만 일상에서 이루어지는 언어의 실제 사용에 주목할 때, 언어라고 부르는 모든 것들에서 우리가 발견할 수 있는 것은 사람들이 참여하고 나름대로 규칙이 있는 활동이라는 점을 제외하면 "상호 간에 겹치고 교차하는 유사성들의 복잡한 그물"(탐구 66절)뿐이다. 비트겐슈타인은 이러한 언어의 특성을 가족 구성원들 사이에서 나타나는 서로 겹치고 교차하는 유사성에 비유하여 '가족유사성Familienähnlichkeit'이라고 부른다.(탐구 67절) 이 개념을 통해 그가 제안하는 것은 모든 언어에 공통적인 본질이란 없고, 따라서 그것을 설명해 줄 단일한 이론도 없다는 것이다. 그럼에도 불구하고 지금까지 언어의 본질을 찾으려 했던 모든 시도는 언어의 실제 사용을 올바로 보지 못하게 방해하는 '일반성을 향한 갈망'이라는 뿌리 깊은 강박의 결과물이다.

비트겐슈타인은 언어의 사용과 각종 놀이 사이에서 발견되는 유사성과 구체적이고 다양한 언어의 실제 사용을 표현하기 위해 '언어놀이'라는 개념을 도입한다. '언어놀이' 아이디어의 핵심은 하나의 낱말이 특정 언어놀이의 일부로 '사용'될 때 비로소 의미를 얻게 된다는 것이다.(탐구 43절). 이때 '사용'은 그 낱말이 쓰이는 언어놀이의 구체적인 맥락을 의미한다. 후기 비트겐슈타인이 언어를 '놀이'에 비유하고 낱말의 의미를 그것의 '사용'이라고 말한 의도는 언어가 사용되는 구체적인 상황과 거기서 이루어지는 언어사용자의 활동이라는 맥락을 떠나서 언어의 의미를 생각할 수 없음을 강조하는 데 있다. 예를 들어서, 장기를 두는 사람이 장기말을 사용하는 행위는 단순히 나무로 만든 둥근 물체를 이동시키는 행위가 아니라 장기놀이라는 구체적인 상황에서 정해진 규칙에 따라 이루어지는 활동이다. 언어사용도 이와 유사하기 때문에 비트겐슈타인은 언어를 놀이에 비유하고, "언어와 그 언어와 밀접하게 연관된 활동 전체"(탐구 7절)를 '언어놀이'라고 부른다. 사람들은 오직 그 낱말이 사용되는 언어놀이에 직접 참여하여 언어놀이를 실행하는 과정에서 낱말의 의미와 역할에 대해 자연스럽게 알게 된다.

이해를 돕기 위해서 비트겐슈타인이 든 한 사례를 보자. 공사현장에서 건축가 A가 조수 B에게 "벽돌!", "석판!" 등을 외치면 조수는 그것들을 건축가에게 가져다준다. 이렇게 벽돌과 석판 등을 사용해서 건물을 짓는 공사현장이라는 구체적인 상황 속에서 이 두 사람은 마치 놀이에 참여하는 것처럼 자신이 원하는 것을 얻기 위해 어떻게 낱말을 사용하고 그것에 어떻게 반응해야 하는지를 서로 이해하고 있다.(탐구 2절) 만일 다른 어떤 사람이 이런 구체적인 맥락을 무시한 채 "벽돌!"이라는 말만 따로 떼어 놓고 들었다면 이 표현이 정확히 무엇을 의미하는지 알 수 없을 것이다. 결국 하나의 낱말을 이해하기 위해서는 그 낱말이 사용되는 구체적인 상황 속에서 언어사용자들이 반응하는 방식까지도 이해할 수 있어야 한다. 다시 말해서 하나의 낱말의 의미를 이해하기 위해서 우리는 그 낱말이 사용되는 구체적인 언어놀이에 직접 참여해야만 한다. 바로 이런 이유에서 후기 비트겐슈타인은 더는 언어의 본질을 파악하기 위해 추상적인 이론을 세우지 말고 오히려 낱말들이 구체적으로 사용되는 다양한 언어놀이에 관심을 기울일 것을 제안한다. 이것이 "생각하지 말고, 보라!"(탐구 66절)라는 그의 조언의 핵심이다. 낱말들의 의미는 그것들이 실제로 사용되는 언어놀이라는 수없이 다양하고 구체적인 맥락에 따라서 서로 다른 의미를 가질 수 있기 때문이다.

3) 언어놀이와 삶의 형태

비트겐슈타인은 "언어와 그 언어가 뒤얽혀 있는 활동들 전체"를 '언어놀이'라고 부른다.(탐구 7절) 그에게 언어놀이는 명령하기, 농담하기, 부탁하기, 인사하기, 사건을 보고하기 등 언어를 사용하며 행하는 다양한 활동이다. 이러한 활동에는 모두 언어가 연관될 뿐만 아니라 어떤 의미를 지닌 몸짓이나 반응이 사용되는데, 그것들은 사용되는 구체적인 맥락에서 고유한 의미를 갖게 된다. 이처럼 모든 언어놀이의 근저에는 우리의 원초적인 행위가 있다. 이러한 원초적 행위들과 더

불어 언어를 배우지만 그것들은 우리에게 너무나 자연스럽고 익숙해서 눈에 띄게 드러나지 않는다. 그리고 우리가 언어에 대해서 생각할 때 언어적 요소에만 주목하기 때문에 태초에 원초적인 행위가 있었고, 그것이 언어놀이의 원천이었다는 사실을 쉽게 알아차리지 못한다. 비트겐슈타인은 언어놀이가 뿌리박고 있는 이러한 원초적인 행위 유형들을 가리켜 '삶의 형태Lebensform'라고 부른다. '언어놀이' 개념 자체가 "언어를 말하는 것이 어떤 활동 또는 삶의 형태의 일부라는 것을 강조하기 위해 의도된 것이다."(탐구 23절) 그렇다면 같은 언어놀이에 함께 참여하기 위해서 삶의 형태를 공유하는 것은 필수조건일 수밖에 없다. 왜냐하면 언어놀이와 그 안에 포함된 규칙들과 실천들은 오직 사람들이 공유하는 삶의 형태를 배경으로만 이해될 수 있기 때문이다. "하나의 언어를 상상한다는 것은 하나의 삶의 형태를 상상하는 것을 의미한다."(탐구 19절)

여기서 우리는 비트겐슈타인의 전·후기 언어관의 중요한 차이점을 확인할 수 있다. 『논고』로 대표되는 전기 비트겐슈타인이 본 언어는 객관적인 세계를 재현하는 논리적 그림으로 모든 언어가 따라야 하는 유일하고 보편적인 구문론적 규칙은 '논리'이다. 논리는 인간의 구체적이고 다양한 행위와 언어사용과 무관하게 절대 변하지 않는 탈인간화된 것이었다. 이에 반해 『탐구』로 대표되는 후기 언어관에서는 인간적인 측면이 강조된다. 후기 비트겐슈타인이 언어의 실제 사용에 대한 문법적 탐구에 관심을 갖게 된 것도 구체적인 상황에서 인간이 다양한 목적에 따라 사용할 때 언어는 생명력을 얻게 되고 언어로써 기능하게 된다는 것을 새롭게 발견한 결과이다.(탐구 432절) 예를 들어 보자. 『논고』에서 우리들이 침묵해야만 했던 윤리, 종교 그리고 삶의 의미와 같은 이른바 '신비로운 것들'에 대한 후기 비트겐슈타인의 생각은 어떤 것일까? 전기 비트겐슈타인에 따르면, 이것들은 '말하여질 수 있는' 것이 아니라 오직 '보여질 수 있는' 것들이다. 하지만 '보여질 수 있음'의 주제는 후기 비트겐슈타인 안에서 중요한 위치를 차지하지 않는다. 더 정확히 말해서, 후기 비트겐슈타인이 사용하고 있는 철학적 도구들은 더 이상 그러한 침묵을 필요로 하지 않는다. 왜냐하면 윤리나 종교와 관련된 일상적인 언어놀이가 분명히 존재하기 때문이다. 실제로 기도와 경신례와 같은 종교적 전례들은 언어놀이의 완벽한 사례를 제공한다. 따라서 우리가 종교나 윤리에 관해서도 관련된 용어들이 사용되는 언어놀이를 면밀히 검토하고 일목요연하게 기술하는 '문법적 탐구'는 충분히 가능하다.(탐구 373절)

하지만 일부 학자들은 '언어놀이'와 '삶의 형태' 아이디어가 비트겐슈타인의 후기 사상이 지니는 강한 상대주의적 성격을 대변한다고 주장한다. 언뜻 보기에 이러한 해석은 설득력 있어 보인다. 우선 언어놀이가 특정 종류의 활동과 연결된 언어 사용의 방식이고, 언어놀이와 관련된 활동 유형이 다름 아닌 '삶의 형태'이다. 그리고 특수하고 상이한 문화적 특성에 의존하는 무수히 많은 삶의 형태에 관련된 언어놀이는 당연히 수많은 다양한 형태로 존재해야만 한다. 그렇다면 이 두 핵심적인 아이디어는 당연히 상대주의적 성격을 갖는 것이 아닐까? 인간은 자신이 지닌 물리적, 감정적 그리고 지성적 특성들을 표현하고 소통하며 살아간다. 그런데 그 표현 방식이 서로 다른 다양한 문화에 조건 지어지는 경우가 많아서 의사소통에 적잖은 어려움을 겪기도 한다. 만일 어떤 문제에 대해서 우리가 어떻게 행동하고, 반응하고 판단할지에 대한 최소한의 보편적인 일치가 없다면, 우리는 그 문제에 대해서 참과 거짓 혹은 옳고 그름의 관념을 결코 유지할 수 없을 것이다. 하지만 다행히도 모든 인간은 걷기, 먹기, 마시기, 놀기 등의 활동 못지않게 우리의 자연사에 속하는 명령하기, 질문하기, 이야기하기, 그리고 잡담하기 등을 하며 살아간다.(탐구 25절) 이와 같은 인간 누구에게나 일반적인 행위 방식들은 모든 인간이 예외 없이 공유하고 일상에서 너무나 당연하게 받아들이고 전제하는 삶의 형태이다. 따라서 삶의 형태는 문화적인 개념으로서만이 아니라 인간이면 누구나 일치하는 원초적인 행동, 반응 그리고 판단 양식 등을 포함하는 보편적인 개념으로 보아야 한다. 모든 인간이 예외 없이 공유하고 일상에서 너무나 당연하게 받아들이는 이러한 원초적인 삶의 형태가 있기 때문에 사람들은 어떤 문제에 대해서 참과 거짓 혹은 옳고 그름의 관념을 유지할 만큼 언어에서 일치할 수 있는 것이다.(탐구 241절)

3
'규칙 따르기'와 '사적 언어' 논의

1) 규칙 따르기 역설과 크립키의 해석

비트겐슈타인은 『탐구』에서 긴 지면(143-242절)을 할애해서, 이른바 '규칙 따르기'의 문제를 다룬다. '규칙 따르기'의 활동은 인간 삶의 한 국면에 불과한 것이 아니라 보편적이고 본질적인 측면이다. 인식, 정치, 사회 그리고 문화적 활동 등 인간의 삶 전체가 규칙들의 그물망이라고 볼 수 있다. 언어도 예외가 아니다. 우리에게 잘 알려진 놀이들처럼 언어놀이도 규칙을 따르는 실천적 활동이라고 할 수 있다. 그렇다면 규칙은 어디에 있고 우리는 그것을 어떻게 파악할 수 있는가? 예를 들어 보자. 교사가 학생에게 1, 2, 3, 4, 5… 라는 유한 수의 계열을 보여 준 뒤 이 계열의 규칙을 제시하라고 요구한다면 어떤 정답이 가능할까? 특정 규칙에 따라서 전개되는 듯 보이는 이 유한한 수의 계열은 사실상 무한한 방식으로 해석될 수 있다. 예를 들어서, 1, 2, 3, 4, 5 다음에 다시 1, 2, 3, 4, 5를 놓아도 되고 5, 4, 3, 2, 1을 놓아도 된다. 아니면 2, 4, 6, 8, 10을 놓는 것도 가능할 것이다. 왜냐하면 1, 2, 3, 4, 5라는 유한한 수의 계열이 사실상 무한한 수로 이루어진 규칙의 일부 또는 예화일 수 있다면 이중 어느 것도 정답이 아니라고 말할 근거가 없기 때문이다. 따라서 교사의 요구에 어떤 방식으로 대답하더라도 학생은 주어진 규칙을 얼마든지 자신만의 고유한 방식으로 따른다고 해석할 수 있을 것이다. 여기서 우리는 어떤 규칙을 상정하더라도 각자의 해석에 따라 제시된 답은 그 규칙과 일치하게도 그리고 모순되게도 적용될 수 있는 역설이 발생하는 것을 확인할 수 있다.

그렇다면 규칙은 우리들의 사유 속에 있다고 말하면 안 될까? 예를 들어서, "입방체"라는 낱말을 올바르게 사용하는 기준은 그 낱말을 들었을 때 내 머릿속에 떠오른 어떤 이미지나 그림이라고 생각해 보자. 나중에 이 낱말을 다시 들었을 때, 우리는 같은 그림을 머릿속에 떠올리면서 그 낱말의 의미를 일거에 이해하고 파악할 수 있다고 믿을 것이다.(탐구 139절) 하지만 우리들의 이러한 상식적인 생각에 비트겐슈타인은 다음과 같이 조언한다.

그리고 이제 중요한 것은, 우리가 낱말을 들을 때 우리 머리에 같은 것이 떠오를 수 있지만, 그것의 적용은 다른 것일 수 있음을 보는 것이다.(탐구 140절)

만일 기억 속에 떠오른 그림이 한 낱말의 올바른 사용을 위한 기준이 되려면 우선 그 그림은 성공적인 적용을 포함해야 한다. 하지만 내 기억 속에 떠오른 그림 내지 마음 상태가 그 자체로 내재적인 의미를 갖는다면 모를까 단지 해석되어야 할 하나의 기호로 간주된다면 그림은 미래에 그 낱말의 적용 방법을 결코 확정할 수 없다. 내가 어떤 낱말을 다시 들었을 때 머리에는 처음 들었을 때와 같은 것이 떠오를 수 있다. 하지만 나는 그것이 상황에 따라 다르게 적용될 가능성을 결코 배제할 수 없고, 따라서 그 그림은 우리에게 하나의 특정한 적용을 강제할 수 없다.(탐구 140절) 이렇게 언어사용 규칙이 언어 사용자의 사유 속에 있는 그림 내지 마음 상태라면 낱말의 적용은 다양한 방식으로 해석될 수 있다. 비트겐슈타인은 이 역설을 다음과 같이 요약한다.

우리의 역설은 이러했다: 하나의 규칙이 어떤 행위 방식을 결정할 수 없을 것이다. 왜냐하면 모든 행위 방식이 그 규칙과 일치하게 만들어질 수 있기 때문이다. 대답은 다음과 같았다: 만일 모든 행위 방식이 그 규칙과 일치하게 만들어질 수 있다면, 그것은 또한 모순되게도 만들어질 수 있다. 따라서 여기에는 일치도 모순도 없을 것이다.(탐구 201절)

크립키Saul A. Kripke는 『비트겐슈타인: 규칙과 사적 언어에 관하여Wittgenstein on Rules and Private Language』에서 위 인용문에 등장하는 역설을 출발점으로 삼아서 비트겐슈타인이 유래를 찾아보기 힘든 새로운 형식의 철학적 회의주의 문제를 제시했다고 해석한다. 하지만 비트겐슈타인이 실천하는 철학적 방법론을 고려할 때 크립키의 해석은 쉽게 받아들이기 어렵다. 비트겐슈타인은 어떤 가설적 이론도 허용하지 않을 뿐 아니라 전통적인 철학의 문제들을 해결책을 찾아야 하는 진정한 문제가 아니라 일종의 질병으로 여긴다.(탐구 255절) 그래서 철학의 결과는 철학적 문제를 해결하는 데 있는 것이 아니라 문제 자체가 무의미함을 보여 줌으로써 그것을 해소하는 데 있다.

따라서 이러한 철학관을 가진 그가 규칙 따르기의 역설을 극단적인 회의주의 문제로 제시하고 이를 극복하기 위해 대안적인 가설적 이론을 찾으려 했다는 설명은 도저히 받아들이기 힘들다. 크립키의 해석을 평가하기 위해서 우리가 기억해야 할 또 다른 점은 『탐구』에 등장하는 가상의 대화 상대의 주장들을 비트겐슈타인의 입장과 혼동하기 쉬운 스타일상의 위험성이다. 실제로 『탐구』의 저자가 설정한 가상의 대화자의 주장을 독자들이 저자의 입장과 혼동하는 경우가 자주 발생하는데 크립키도 예외가 아닌 듯하다. 『탐구』의 저자는 규칙 따르기의 역설과 그에 따른 회의주의적 결론을 인정하지도 않았고 대안적 해결책을 제시하지도 않았다. 오히려 그는 가상의 목소리를 통해서 규칙 따르기의 역설을 주장하고, 이 주장이 언어사용을 인도하는 규칙에 관한 잘못된 그림이 발생시킨 사이비 문제임을 보여 주려 한다. 여기서 잘못된 그림이란 해석에 의해 어떤 규칙을 파악할 수 있다는 착각이다. 규칙 따르기가 나의 믿음이나 해석으로만 이루어진다면 어떠한 행위 방식도 주어진 규칙을 따르는 것으로 해석될 수 있고, 그렇게 되면 '규칙 따르기'는 의미를 상실하게 될 것이기 때문이다. 그래서 비트겐슈타인은 다음과 같이 결론짓는다.

모든 해석은 해석되는 것과 함께 미정인 상태로 남으며, 해석되는 것에 지렛대로 쓰일 수 없다. 단지 해석들만으로는 의미를 확정하지 못한다.(탐구 198절)

비트겐슈타인은 규칙 따르기의 역설을 극단적인 회의주의 문제로 제시한 것이 아니다. 오히려 우리가 빠지기 쉬운 오류나 잘못된 선입견을 포함하는 다양한 가상의 목소리들을 매개로 문제 자체를 해소하려고 시도한다. 이를 바로 보지 못한 크립키는 저자가 의도적으로 대화에 끼워 넣은 가상으로 만든 인물의 의견을 저자의 의견으로 착각한 것이다. 크립키가 자기 입장의 출발점으로 삼은 201절의 역설은 비트겐슈타인의 고유한 주장이 아니라 우리가 빠지기 쉬운 잘못된 선입견 때문에 실제 언어사용을 제대로 보지 못함으로써 발생한 사이비문제의 한 사례일 뿐이다.

규칙을 파악하고 따르는 것이 '해석'에 따라서 이루어질 수 없다면 도대체 그것은 어떻게 가능할까? 비트겐슈타인은 어떤 가설적 이론을 대안으로 제시하는 대신 우리들의 실제 언어사용을 관찰하고 기술하는 문법적 탐구를 통해서 '해석이 아닌 언어사용의 규칙 파악'이 존재한다는 것을 보여 준다.

> 규칙의 표현 ―예컨대, 도로 표지판― 은 나의 행위들과 어떤 관계가 있을까? [...] 나는 이 기호에 특정 방식으로 반응하도록 훈련을 받았고 지금 그렇게 반응하고 있다.(탐구 198절)

자동차를 운전하거나 횡단보도를 건널 때, 어떻게 우리는 수많은 도로 표지판들이 지시하는 바를 올바로 따를 수 있는가? 그것은 각각의 도로 표지판 자체에 내재적으로 어떤 의미가 있기 때문이 아니다. 오히려 도로 표지판들이 세워지기 이전에 이미 사람들의 다양한 행동 양식이 있었고, 그들에게 어떤 행동 양식을 장려하거나 제한하기 위해서 특정 기호를 도로 표지판으로 세운 것이다. 그리고 사람들은 그 기호에 특정 방식으로 반응하도록 계속 훈련받아 온 것이다. 따라서 규칙(도로 표지판)은 우리들의 다양한 규칙적인 행동 양식인 관습 때문에 의미를 갖는 것이지 규칙(도로 표지판)이 그 자체로 의미를 갖는 것은 아니다. 모든 규칙은 바로 도로 표지판처럼 생기고 지켜진다.(탐구 85절) 규칙 따르기, 보고하기, 명령하기 그리고 장기놀이하기 등은 모두 관습이다.(탐구 199절) 언어도 예외가 아니다. 도로 표지판이 관습적 실천의 결과물이지 결코 관습이 도로 표지판의 결과물이 아닌 것처럼, 언어사용의 규칙인 문법도 다양한 언어놀이의 관습적 실천 없이는 결코 규칙으로 자리 잡을 수 없다. 언어사용의 규칙은 그것을 따르는 우리의 실천과 독립적으로 세워질 수 없다는 말이다. 한 아이에게 낱말의 사용 규칙을 별도로 암기하거나 그 낱말을 사용할 때 머릿속에 어떤 그림을 떠올리라고 가르치지 않아도 그 아이는 아무 문제 없이 언어를 배울 수 있다. 왜냐하면 이미 언어사용의 규칙이 그 아이가 참여하고 있는 언어놀이 안에 관습적으로 내재해 있기 때문이다. 이렇게 우리는 '해석'을 통해서가 아니라 오직 특정 기호에는 특정한 방식으로 '반응'하도록 '훈련'을 받으며 규칙을 따른다. 어린아이는 낱말이 사용되는 언어놀이에 직접 참여하면서 그 안에 관습적으로 내재한 낱말의 의미와 쓰임에 익숙해지고 반응하도록 훈련받으며 배운다. 이런 관점에서 비트겐슈타인은 다음과 같은 결론으로

'규칙 따르기 역설'의 문제를 해소한다.

> 규칙을 따를 때, 나는 선택하지 않는다.
> 나는 규칙을 맹목적으로 따른다.(탐구 219절)

도로 표지판이건 언어이건 간에 우리가 규칙을 따르는 것은 그것이 관습적 실천의 결과물이기 때문이다. 따라서 우리는 선택 내지 해석을 통해서가 아니라 오랜 관습과 훈련을 통해 익숙해진 것에 맹목적으로 반응하며 규칙을 따른다. 맹목적으로 규칙을 따를 때 거기에는 더 이상 역설이 존재하지 않는다. 그래서 우리는 우리가 참여하는 언어놀이 안에 내재한 규칙들을 명시적으로 알지 못해도 언어를 마치 맹목적으로 규칙을 따르듯이 사용할 수 있는 것이다. 언어사용의 규칙을 따를 때, 나는 사유나 직관 또는 영감을 통해 매번 선택하지 않고 맹목적으로 따른다.(탐구 186, 213, 314, 219, 232절) 그래서 누군가가 언어사용 규칙을 따르는 나의 행위를 정당화해 보라고 요구한다면 나는 마치 삽이 뒤로 굽는 단단한 암석을 만난 것처럼 어떤 정당화도 불가능하다는 것을 깨닫고 다음과 같이

말할 수밖에 없을 것이다. "나는 그저 그렇게 행위를 할 뿐이다."(탐구 217절)

지금까지 살펴본 내용을 토대로 볼 때, 규칙 따르기 역설의 문제는 '지시적 정의의 역설'(탐구 28절)의 문제와 연장선상에서 이해되어야 한다. 구체적인 상황으로부터 따로 떼어 고립적으로 고려된 '지시적 정의'는 모든 경우에 이렇게도 저렇게도 해석될 수 있는 것처럼, 모든 '규칙 따르기' 역시 이렇게도 저렇게도 해석될 수 있다. 즉, '지시적 정의의 역설'은 우리가 '규칙 따르기 역설'이라고 부를 수 있는 보다 일반적인 회의주의적 역설의 한 사례로 볼 수 있다. 중요한 것은 비트겐슈타인이 '지시적 정의'의 역설과 마찬가지로 '규칙 따르기'에 관한 회의주의적 역설을 옹호하지 않았다는 사실이다. 만일 어떤 사람이 구체적인 맥락을 무시한 채 "벽돌!"이라는 말만 따로 떼어 놓고 들었다면 이 표현이 정확히 무엇을 의미하는 알 수 없듯이, 하나의 낱말을 이해하기 위해서는 그 낱말이 구체적으로 사용되는 상황과 함께, 그 안에서 언어사용자들이 반응하는 방식까지도 이미 이해되어야 한다. 바로 이러한 상황이 우리가 일상에서 언어를 사용하고 그것으로 소통하는 정상적인 경우이다.

오직 정상적인 경우들에서만 낱말의 사용은 우리에게 명료하게 규정된다; 우리는 이런저런 경우에 무엇을 말해야 하는지 아무런 의심 없이 안다. 상황이 더 비정상일수록, 우리가 지금 여기서 무엇을 말해야 할지가 한층 더 의심스러워진다.(탐구 142절)

어떤 행위와 상태의 발생만으로는 미래에도 적용할 수 있는 규칙을 제공할 수 없다. 그것이 놓여 있는 구체적인 상황으로부터 고립된 어떤 규칙도 그 자체로 모든 미래의 적용을 결정할 수 없다. 『탐구』에 등장하는 지시적 정의의 역설이나 규칙 따르기의 역설은 모든 규칙 따르기가 자리하는 구체적인 상황을 배제한 채 그 행위만을 고립시켜 설명하는 철학자들이 고안한 비정상적인 상황을 전제할 때만 발생하는 사이비 문제일 뿐이다. 정상적인 상황에서 규칙 따르기의 역설은 결코 발생하지 않는다. 우리가 도로 표지판을 마음대로 해석하지 않고 올바르게 따를 수 있는 이유는 그 도로 표지판에 어떻게 반응할지를 훈련을 통해서 관습으로 숙지하고 있기 때문이다. 바로 이런 이유 때문에 우리가 정상적인 상황에서 어떤 도로 표지판을 대할 때, 거기에는 어떤 의심이나 해석의 여지도 없는 것이다.(탐구 85절) "도로 표지판은 아무런 이상이 없다,─만일 그것이 정상적인 상황에서 자신의 목적을 성취한다면."(탐구 87절) 언어도 마찬가지다.

2) 사적 언어에 관한 논의

규칙 따르기에 관한 논의 후 비트겐슈타인은 곧바로 오직 말하는 사람만이 이해할 수 있고 사용할 수 있는 이른바 '사적 언어'에 관한 논의(탐구 243-315절)를 이어간다. 한 개인이 규칙을 따르고 있다고 믿는다고 그것이 실제로 규칙을 따른 것을 보장하지는 않는다. 이것이 우리가 '사적으로' 규칙을 따를 수 없는 이유이다.(탐구 202절) 따라서 언어사용도 공적으로 규칙을 따르는 실천이 되어야 하고 언어사용 가능성도 나의 믿음이나 해석이 아니라 관습적 실천 내지 언어놀이라는 공적인 기준에 의해 객관적으로 결정되어야 하는 것은 너무나 당연해 보인다. 하지만 여기서 비트겐슈타인은 누군가가 제기할 수 있을 반론 한 가지를 제시한다.

그러나 어떤 사람이 자신의 내적 경험들 ─자신의 느낌들, 기분들 등─ 을 자신만의 사용을 위해 기록하거나 말로 소리내어 표현할 만한 언어를 생각할 수 있을까? ─도대체 우리는 그런 것을 우리의 일상언어로는 할 수 없는 걸까?─ 하지만 내 의도는 그게 아니다. 이 언어의 낱말들은 오직 말하는 사람만이 알 수 있는 것, 즉 자신의 직접적인, 사적인 감각들과 관련되어야 한다. 그러므로 다른 사람들은 이 언어를 이해할 수 없다.(탐구 243절)

이 인용문에서 비트겐슈타인은 사적 언어가 될 수 있는 하나의 가능성을 제시한다. 하지만 여기서 '사적'이라는 낱말의 일반적인 의미와 극단적인 의미를 구분하는 것이 필요하다. 예를 들어서, 나의 숨겨진 일기장이나 나의 비밀번호 등은 사적이지만 언젠가 누구에게 알려질 가능성을 배제할 수 없다. 하지만 이러한 의미의 '사적'인 것은 비트겐슈타인의 관심사가 아니다. 오히려 그는 말하는 사람 이외에 아무도 이해할 수 없는 필연적으로 사적인 언어를 상상하도록 요구한다. 예를 들어서, 고통이나 감정 등과 같이 오직 말하는 사람에게만 직접적으로 경험될 수 있는 내적인 상태를 지칭하기 때문에 다른 누구도 절대 이해될 수 없는 언어가 필연적으로 사적 언어이다. 결국 비트겐슈타인이 말하는 '사적 언어'는 고통과 같은, 말하는 사람만이 느낄 수 있는 내적 감각에 '사적인 지시적 정의private ostensive definition'로 의미를 부여하는 것을 전제로 만들어진 개념이다. 그렇다면 나는 나만이 느끼는 감각에 대해서, 최소한 나 자신에게는 말할 수 있는 사적 언어는 가능하지 않을까?

이런 경우를 상상해 보자. 나는 반복해서 일어나는 특정 감각에 관해서 일기를 쓰려고 한다. 이를 위해 나는 그 감각Empfindung을 "E"라는 기호와 결합하고 그 감각을 갖는 날마다 이 기호를 달력에 기입한다.(탐구 258절)

나는 내가 특정 감각을 느낄 때마다 그것을 "E"라는 기호와 결합하는 방식으로 그 기호가 특정 감각을 가리키는 것을 정당화할 수 있다면, 그 기호는 사적 언어로 인정될 수 있지 않을까? 만일 '고통'과 같은 감각어가 말하는 사람만 접근 가능한 내적 공간 속의 사적 대상을 지시하는 이름처럼 기능한다면 우리는 사적 언어의 가능성을 긍정해야 한다. 다시 말해서 일종의 지시의미론에 따라서 '고통'과 같은 감각어가 의미를 획득하는 과정을 설명할 수 있다면, 그래서 말하는 사람만 이해할 수 있는 언어가 의미를 가질 수 있다면, 우리는 사적 언어의 가능성을 긍정해야 한다. 하지만 여기에는 문제가 있다. 나는 오직 기억에 의존하면서 과거와 현재의 "E"가 동일한 감각을 가리킨다고 믿겠지만, 내가 올바르게 기억한다고 믿는 모든 것들을 나는 옳다고 말할 것이기 때문이다. 물론 여기서 우리는 일반적인 기억 자체를 문제 삼는 것이 아니다. 하지만 감각의 특성상 그것을 느끼는 주체의 기억을 통해서 동일성 여부를 결코 재확인할 수 없다. 물리적 대상은 그것이 있는 시공간적 위치에 따라 재확인이 가능하다. 어제 내 바지 주머니에 100원짜리 동전 한 닢이 있었다고 상상해 보자. 그런데 그것을 의식하지 못하고 세탁기에 넣고 돌렸더니 세탁된 빨래와 함께 오늘 발견한 그 동전은 어제의 모습과는 완전히 딴판으로 깨끗하고 빛이 났다. 비록 오늘은 완전히 달리 묘사될 만큼 특성은 바뀌었지만 물리적 대상인 동전은 시공간적 연속성 때문에 어제 내 바지 주머니 속의 그것과 동일한 것으로 확인할 수 있다. 그렇다면 '고통'과 같은 감각적 경험의 경우는 어떤가? 내가 가진 '고통'(I have a pain)이 내가 가진 동전(I have a coin)처럼 명사로 표시되고, 따라서 동전처럼 추적할 수 있고 비교할 수 있을 거라고 생각하기 쉽다. 실제로 우리가 사용하는 언어는 '고통'과 '동전' 모두를 명사로 취급하고, 따라서 양자를 모두 동일한 종류의 '어떤 것'(대상)으로 생각하도록 잘못 이끈다. 하지만 고통의 경험과 동전의 경험은 완전히 다르다. 고통의 경우 우리가 지금 기술하고 있는 것처럼 그것을 바라보는 것과는 별개로 그것이 동일한 것인지를 확인하기 위해 고통–경험을 다룰 수 있는 어떤 방법도 없다. 그러므로 나에게만 나의 "E"의 사용이 옳게 보일 뿐, 나와 다른 사람이 공유할 수 있는 객관적이고 공적인 판단 기준은 여기에 없다.(탐구 258절) 비트겐슈타인이 제시한 또 하나의 비유를 보자.

모든 사람이 각기 상자 하나를 가지고 있고, 그 안에 우리가 "딱정벌레"라고 부르는 무언가가 들어 있다고 가정해 보자. 아무도 다른 사람의 상자 속을 볼 수 없다. 그리고 모든 사람은 각자가 오직 자신의 딱정벌레를 봄으로써 딱정벌레가 무엇인지를 안다고 말한다. ―여기서 각자가 자신의 상자 속에 다른 사물을 가지고 있을 가능성이 분명히 있다. 더욱이 우리가 그와 같은 것이 계속해서 변한다고 상상할 수도 있을 것이다.(탐구 293절)

　여기서 "상자 속의 딱정벌레"는 '고통'과 같은 감각에 대한 우리들의 상식적인 사고방식을 반영한 표현이다. "상자"는 고통을 느끼는 주체만이 내적 성찰introspection을 통해 접근 가능한 사적 공간으로서의 의식 내지 마음을 의미하고, "딱정벌레"는 그 안에 있는 감각과 같은 사적 대상을 비유로 설명한 것이다. '고통'과 같은 감각어가 지시적 정의에 따라 의미를 획득하고 말하는 사람만 접근 가능한 내적 공간 속의 사적 대상을 지시하는 이름처럼 기능한다고 여긴다면, 모든 감각어는 사적 언어가 되고 말 것이다. 하지만 모든 사람은 다른 사람들의 상자 속을 들여다볼 수 없기 때문에 각자가 느끼는 감각에 이름을 붙이듯 '고통'과 같은 감각어를 만든다고 해도 정작 '고통'이 동일한 대상을 가리키는 이름처럼 기능하는지 공적으로 확인할 수 없게 된다.

　언뜻 보기에 이 두 사례에서 비트겐슈타인이 강조하고 싶은 것은 동일성의 확인 문제처럼 보인다. 사적 대상인 어떤 감각에 대한 사적인 지시적 정의 자체는 가능하지만 "E"와 "딱정벌레" 모두 동일성의 확인이 불가능하기 때문에 사적 언어는 불가능하다는 것이다. 하지만 사적 언어에 관한 논의에서 정작 중요한 것은 '공적인 지시적 정의'에서 가능한 것이 '사적인 지시적 정의'에서는 불가능하다는 데 있다. 지시적 정의는 그것이 이루어지는 구체적 상황을 배제한 채 고립적으로 낱말에 어떤 의미도 부여할 수 없다. 지시적 정의가 성공적으로 이루어지려면 이미 그 낱말이 어떤 기능 내지 역할을 하는지, 그것과 함께 다른 낱말들은 어떻게 사용될 수 있는지, 그리고 이낱말들의 사용에 동반되는 일반적인 기대감이나 몸동작 같은 것들의 의미도 이미 준비되어 있어야 한다. 이 모든 것이한 낱말이 의미를 갖게 되는 문법적 자리이다. 일상에서 공적으로 이루어지는 지시적 정의가 역설을 일으키지 않는 이유는 그 정의가 가능하기 위해 필요한 문법적 자리가 이미 준비되어 있기 때문이다. 다시 말해서 지시적 정의를 내리는 사람이 이미 하나의 숙달된 언어놀이에 참여하고 있기 때문에(탐구 31절), 지시적 정의는 성공적으로 이루어질 수 있고 한 낱말의 의미 획득 과정을 만족스럽게 설명할 수 있다. 하지만 사적인 지시적 정의의 경우에는 이러한 문법적 자리가 준비되는 것이 불가능하다. 왜냐하면 사적인 지시적 정의를 통해 이루어지는 사적 언어의 체계는 공적인 실천과 무관하게 이루어지기 때문에 오직 말하는 사람만이 이해할 수 있는 철저하게 고립적인 표상 체계이기 때문이다. 비트겐슈타인은 이 문제를 다음과 같이 요약한다.

"그는 자신의 감각에 이름을 부여했다"고 말할 때, 우리는 단지 명명하는 것만으로 하나의 뜻을 가지려면 이미 많은 것이 언어에 준비되어 있어야 한다는 것을 잊고 있다. 그리고 어떤 사람이 고통에 이름을 부여한다고 우리가 말할 때, 여기에 준비된 것은 "고통"이란 낱말의 문법이다; 그것은 그 새로운 낱말이 놓이게 될 자리를 지시한다.(탐구 257절)

여기서 단순한 명명이 뜻을 가지려면 이미 많은 것이 언어에 준비되어 있어야 하는데 그렇지 못하다는 표현의 초점은 사적기호가 일단 의미를 갖게 된 뒤 더는 작동하지 않을 것이라는 비판이 아니라, 애초부터 그것은 의미를 가질 수 없다는 비판이다. 결국 사적 언어의 가능성을 비판하는 비트겐슈타인의 핵심은 하나의 낱말이 성공적으로 사용되기 위해 반드시 필요한 조건이 충족될 수 없어서 '사적인 지시적 정의' 자체가 성공할 수 없다는 것이다. 따라서 기호 'E'와 '딱정벌레'는 다른 사람은 아무도 이해 못 하고 나만 이해하는 듯 보이지만 실제로는 나조차도 이해 못하는 소리에 불과한 것이 되고 말 것이다.(탐구 269절) 'E'와 '딱정벌레'는 단 한 번도 무엇인가를 의미하기 위해 사용할 수 없기 때문에 아직 언어라고조차 말할 수 없는 것들이다.(탐구 260절) 결국 '사적 언어' 개념과 그와 관련된 논의는 다른 가능성은 완전히 배제한 채, 화자가 자신만이 느낄 수 있는 내적 감각에 일종의 '사적인 지시적 정의'로 의미를 부여하는 또다시 '비정상적인' 상황을 상상하며 만든 사이비 개념이며 문제이다. 하지만 우리는 '고통'과 같은 감각어를 일상에서 공적으로 사용하고 소통한다. "그렇다면 그것은 한 사물의 이름으로서의 사용은 아닐 것이다. 상자 속에 있는 것은 그 언어놀이에 결코 속하지 않는다."(탐구 293절) 사적 공간 속의 대상인 감각은 '고통'이라는 감각어의 의미 형성에 아무런 역할을 하지 못하고, 따라서 우리가 일상에서 사용하는 '고통'의 문법은 사적 대상으로서의 '어떤 것'을 지시하는 이름이 될 수 없다. 이런 생각을 비트겐슈타인은 짧지만 심오한 문장으로 요약한다.

그것[감각]은 어떤 것[Etwas]이 아니지만, 무[Nichts]도 아니다.(『탐구』 304절)

비트겐슈타인은 우리가 느끼는 고통의 실재성을 결코 부정하지 않는다. 그래서 고통과 같은 감각은 무nothing가 아니다. 다만 그가 강조하는 것은 마음이라는 사적 공간 속의 어떤 것something으로서의 감각은 '고통'이라는 감각어의 의미를 형성하는 데 아무런 역할을 하지 못한다는 것이다. 따라서 '고통'은 사적 대상으로서의 '어떤 것something'을 지시하는 이름이 아니다.

결국 사적 언어에 관한 논의는 바로 직전에 다뤄진 규칙 따르기에 관한 논의와도 그 맥을 같이 한다. 낱말에 의미를 부여하는 것은 규칙 자체가 아니라 규칙적인 낱말의 사용 관습,

즉 언어놀이라는 것을 전제하기 때문이다. 언어의 규칙적인 사용 가능성은 내가 그 규칙을 따른다는 나의 믿음이나 해석이 아니라 관습적 실천 내지 언어놀이라는 공적인 기준에 의해 객관적으로 결정되는 것이다.(탐구 199절) 우리는 일상에서 우리가 경험하는 고통이 얼마나 큰지, 언제 다쳤는지 그리고 어디가 아픈지 등을 아무 불편 없이 표현하는 언어놀이에 참여한다. 이것이 병원에서 우리와 진찰하는 의사 사이에서 일어나는 언어놀이 이기도 하다. 하지만 '사적 언어'는 말하는 사람만이 느낄 수 있는 내적 감각에 오직 '사적인 지시적 정의'를 통해 의미를 부여하는 것이 가능하다는 것을 전제로 만들어진 개념이다. 따라서 사적 언어는 그 정의상 이미 실행되고 있는 언어놀이 내지는 관습적 실천을 전제하지 않는다. 그래서 하나의 낱말이 어떤 기능 내지 역할을 하는지, 그것과 함께 다른 낱말들은 어떻게 사용될 수 있는지가 전혀 불분명하다. 이렇게 누군가가 사적인 용도로 낱말의 사용 규칙을 만든다 해도, 그 규칙은 결코 공적으로 의미를 가질 수 없다. 따라서 사적 언어는 불가능하고 애초에 언어가 될 수 없다고 말해야 한다.

그럼에도 불구하고 지금까지 오랜 세월 동안 철학자들은 '고통'이라는 낱말의 실제 사용을 주의 깊게 바라보지 못하고 이러한 문법의 자리가 준비되어 있지 않은 비정상적인 상황을 상상하면서, '고통'과 같은 감각어의 문법을 사적인 지시적 정의를 통해 사적 대상을 지시하는 이름으로 여겨왔다. 이것이 우리에게 오랫동안 "집요하게 우리에게 달라붙으려고 하는 문법"(『탐구』 304절)이다. 왜 우리는 오랫동안 "집요하게 달라붙으려는 문법"과 그것이 유발한 사이비 개념과 문제로 시달려 왔을까? 그것은 우리가 일반성을 향한 갈망이라는 고질적인 철학적 질병에 빠져 '고통'과 같은 감각어의 실제 사용을 일목요연하게 바라보지 못했기 때문이다. 언어놀이의 규칙들의 종류나 역할은 언어놀이의 수만큼이나 다양하다. 따라서 문법적 탐구의 가장 큰 걸림돌은 언어의 보편적이고 단일한 본질을 상정하고 그것을 찾으려 애쓰는 일반성을 향한 갈망의 유혹이 아닐 수 없다. 이 고질적인 갈망은 언어가 구체적으로 어떻게 사용되는지 주목하고 일목요연하게 기술하는 문법적 탐구를 무의미하거나 부적절하게 여기도록 집요하게 우리를 유혹한다. '지시적 정의의 역설', '규칙 따르기의 역설' 그리고 '사적 언어에 관한 논의' 등이 바로 이런 고질적인 유혹에 빠져 발생시킨 전형적인 사이비 문제들이다. 이 세 개념과 그것들과 관련된 문제들은 문법적 자리가 이미 준비될 수 없는 비정상적인 상황을 인위적으로 전제하며 만들어 낸 사이비 문제들이기 때문에, 해결이 아닌 해소할 대상이라는 것이 비트겐슈타인의 핵심 주장이다.

4
심리적 용어들의 문법적 탐구

1) '고통'의 진정한 문법

앞서 살펴본 대로 비트겐슈타인은 사적 언어의 가능성을 전면으로 부정한다. 그 이유는 이 개념 자체가 언어사용을 위한 가장 기본적인 필요조건조차 충족되지 못하는 비정상적인 상황을 상상하며 만든 사이비 개념이기 때문이다. 그렇다면 사적 언어라고 여겨졌던 '고통'과 같은 감각어를 어떻게 우리는 일상에서 공적으로 유의미하게 사용할 수 있는 걸까? 과연 '고통'의 진정한 문법은 무엇일까? 이 질문에 대한 답은 당연히 '고통'이 실제로 사용되는 구체적인 언어놀이를 배경으로 해서만 얻어질 수 있다. 비트겐슈타인의 눈에는 마음의 본성에 관한 철학적 문제들도 심리적 용어들의 실제 사용을 일목요연하게 보지 못하는 문법적 착각에서 비롯된 사이비 문제들이다. 그래서 그는 『탐구』의 1부 '사적 언어에 관한 논의' 이후부터 2부(부록: 심리 철학-단편) 전체에서 의식, 기대, 믿음, 의도, 의지, 감정, 감각 등 심리적 용어들이 사용되는 다양한 언어놀이들을 대상으로 문법적 탐구를 집중적으로 수행한다. 그런데 질병의 치료법이 다양하듯, 치유 활동으로서의 문법적 탐구 역시 다양하게 이루어질 수 있다.(탐구 133절) 예를 들어서, 어떤 낱말이나 표현이 실제로 사용되는 여러 상황을 비교하거나, 어른과 어린아이가 그것들을 어떻게 가르치고 배우는지를 상상해 보는 것도 가능하다. 비트겐슈타인은 어린아이가 '고통'이라는 낱말을 배우는 과정에 주목하고 거기서 그것의 진정한 문법을 발견한다.

낱말들은 어떻게 감각들과 관련될까? […] 하나의 가능성은 다음과 같다: 낱말들은 감각의 원초적, 자연적인 표현들과 결합하고, 그 자리를 대체한다. 다친 어린아이는 울부짖는다; 그리고 그때 어른들은 아이에게 말을 건네고, 그에게 소리쳐 알리는 것을, 그리고 나중에는 문장들로 그렇게 하도록 가르친다. 그들은 어린아이에게 새로운 고통 행동을 가르친다. […] 고통의 낱말 표현은 울부짖음을 대체하지 그것을 기술하지 않는다.(탐구 244절)

한 아이가 넘어져서 상처를 입었다고 가정해 보자. 그때 아이는 얼굴을 찡그리면서 소리치거나 울음을 터트리는 등의 행위로 고통을 자연스럽게 표현할 것이다. 그리고 시간이 지나면서 아이는 교육을 통해서 이런 원초적이고 본능적인 '고통 행동'을 대체하는 "나 아파!"나 '고통'과 같은 언어표현을 배우게 된다. 여기서 주목할 것은 울부짖음이나 신음과 같은 고통 행동과 느끼는 고통 사이의 관계가 단지 외적이고 우연적인 것이 아니라 내적이고 분리 불가능한 관계라는 점이다. 고통 행동 안에 발견되는 고통의 자연적인 표현은 고통 경험 자체의 일부분이다. 따라서 울부짖음이나 신음을 대체하는 '고통'이라는 언어표현 역시 고통 자체와 분리해서 생각할 수 없다. 결국 신음과 같은 고통 행동은 고통의 표현이고 고통의 언어표현인 문장은 사고의 표현이라는 생각은 우리를 오도하는 잘못된 비교이다.(탐구 317절) 오히려 양자는 인식론적으로 동일한 지위를 갖는다. 이처럼 비트겐슈타인은 '고통'과 관련된 언어놀이가 전-언어적인pre-linguistic 원초적 행동표현들과 함께 시작된다는 것을 발견한다. 내가 느끼는 고통은 사적이지만 그것과 내적으로 연결된 원초적인 고통 행동은 공적으로 접근 가능하기 때문에 우리가 '고통'과 같은 감각어를 배우고 그것들을 사용하는 언어놀이에 참여할 수 있게 된다. 만일 우리가 고통과 같은 감각을 울음이나 얼굴 찡그림 같은 원초적인 행동으로 표현할 수 없고 다른 사람의 그런 행동을 고통의 자연스러운 표현으로 즉시 이해하고 반응할 수 없다면, 우리는 결코 '고통'이라는 낱말의 사용을 가르치거나 배울 수 없을 것이다.(탐구 142, 257절) '내적 과정'은 반드시 외적 기준들을 필요로 하며(탐구 580절), 이 외적 기준이 되는 원초적 행동과 반응이야말로 '고통'이라는 낱말이 공적으로 배우고 사용되기 위해 필수적인 문법적 자리이다.(탐구 257절)

하지만 여기서 한 가지 의문이 제기될 수 있다. 우리는 아픈 것처럼 가장하기 위해 거짓으로 얼굴을 찡그리거나 신음할 수도 있고, 역으로 고통을 느끼면서도 애써 울음이나 신음과 같은 외적 표현을 참거나 숨길 수도 있다. 이 경우 고통과 고통 행동은 불가분의 관계라고 볼 수 없고, 따라서 얼굴 찡그림과 신음과 같은 고통 행동이나 그것을 대체한다는 언어표현 모두 고통의 직접적인 표현이라고 할 수 없지 않을까? 하지만 이러한 문제 제기는 서로 다른 언어놀이를 혼동한 결과이기 때문에 유효하지 않다. 한 경우는 정상적인 고통의 언어놀이고, 다른 한 경우는 고통을 가장하거나 그것을 참고 숨기는 거짓말의 언어놀이다. 물론 후자는 전자를 터득한 후에나 가능한 2차적인 언어놀이다. 어린아이는 그가 실제로 아플 때 "아파!"라고 표현하는 상황을 통해서 감각어의 언어놀이를 터득한 후에나 같은 표현을 거짓말의 언어놀이에서 사용할 수 있다. 이렇듯 "~하는 척할 수 있기 전에 어린아이는 많은 것을 배워야 한다."(탐구, 심리 철학-단편 363절) 그러므로 고통을 감추거나 아픈 척하는 행위의 가능성이 고통과 고통 행동 사이의 외적이고 우연적인 관계를 주장할 근거는 못된다. 물론 비트겐슈타인은 고통과 고통 행동이 다르다는 것을 부인하지 않는다. 다만 그가 부인하는 것은 양자의 관계가 외적이고 우연적이라는 견해이다. 이처럼 우리가 일상에서 참여해 온 심리적 용어들과 관련된 언어놀이는 감각이나 감정과 같은 다양한 심리 상태와 내적으로 연결된 원초적인 행동표현과 그것에 대한 본능적인 반응에서 출발한다. 비록 학습된 것이긴 하지만, '고통'이라는 감각어는 마음 안의 사적 대상을 지칭하는 이름도 아니고 심리 상태나 행동에 대한 간접적인 기술description도 아니다. '고통'은 나의 울음이나 얼굴 찡그림과 같은 나의 원초적인 고통 행동을 대체하거나 타인의 그것에 즉각적으로 반응하는 직접적인 표현expression이다. 원초적인 고통 행동과 그것을 대체하는 '고통'이라는 언어표현 모두 고통이라는 감각의 자발적인 '반응'이자 직접적인 '고백'인 고통 행동의 한 형태이다. 이것이 바로 '고통'의 진정한 문법이다.

2) 심리적 용어들의 귀속 기준

어린아이는 고통을 느낄 때 얼굴을 찡그리거나 소리치고 울음을 터트리는 식으로 표현하고 점차 주변 사람의 특정 행동을 고통의 표현으로 이해하고 반응하게 된다. 그리고 아이는 교육을 통해서 고통의 행동표현을 언어표현으로 대체하는 것을 배우게 되고, 다른 사람들이 하는 행동표현에 공감하는 행동표현을 언어표현으로 대체하는 것도 배우게 된다. 이처럼 '고통'과 같은 감각어의 1인칭 사용이 내가 느끼는 고통의 직접적인 행동표현을 대체하는 것처럼, 3인칭 사용 역시 고통의 직접적인 행동표현에 기초를 둔다. 우리는 타인의 얼굴 표정이나 몸짓 또는 음성적 표현에서 그가 겪고 있는 고통이나 기쁨, 우울함, 두려움과 공포와 같은 감정을 즉각적으로 이해하고 반응하며, 유사한 행동표현으로 그의 고통이나 감정에 공감을 표현한다.

이러한 문법적 탐구의 결과는 '다른 마음의 문제other mind's problem'라는 타인의 마음에 관한 회의주의를 사이비 문제로 해소하는 데 상당히 중요하다. '다른 마음의 문제'는 마음이 소유자만이 내적 관찰을 통해 접근 가능한 사적인 공간이기 때문에 다른 사람은 결코 그와 같은 인식론적 특권을 누릴 수 없다는 생각에 근거를 둔다. 마음의 소유자는 자신이 소유하는 내적 공간 속의 대상인 감각에 직접적으로 접근할 수 있기 때문에 자신이 고통을 느낀다는 것을 결코 의심할 수는 없다. 하지만 다른 사람에게 소유자의 의식은 철저하게 숨겨져 있어서 그는 기껏해야 소유자의 물리적 행동을 관찰한 다음 그의 심리적 상태를 간접적으로 추론할 수밖에 없다는 것이다. 그러나 마음의 소유자와 다른 사람의 신체나 행동의 유사성에 근거한 유비 논증으로 이루어지는 이런 추론은 결코 성공할 수 없다. 왜냐하면, 논증의 근거가 오직 소유자 자신의 사례에만 의존하기 때문이다. 따라서 내가 가진 마음을 다른 사람도 가졌는지에 대한 회의주의에서 우리는 결코 벗어날 수 없다는 것이 '다른 마음의 문제'의 핵심이다.

하지만 일상에서 고통이나 감정 같은 심리적 용어를 다른 사람들에게 적용할 때, 우리는 결코 그 행동을 순수한 물리적 운동으로 관찰한 다음에 그것으로부터 그 사람의 감각이나 감정 상태를 간접적으로 추론하는 것이 아니다. 오히려 처음부터 그 사람의 행동을 느끼는 감각이나 감정의 직접적이고 자발적인 표현으로 보고 즉각적으로 반응한다. 물론 일상에서 우리는 '고통'과 같은 감각어를 자신이나 타인의 심리 상태를 간접적으로 묘사하기 위해 사용할 수 있다. 하지만 이러한 언어놀이는 고통을 숨기거나 아픈 척하는 언어놀이처럼 1차적인 언어놀이를 습득한 이후에나 배우게 되는 2차적인 언어놀이다. 이러한 내용을 전제로 비트겐슈타인은 '태도Einstellung'와 '의견Meinung'을 대조시킨다.

그를 향한 나의 태도는 영혼에 대한 태도이다. 나는 그가 영혼을 가지고 있다는 의견을 갖지 않는다.(탐구, 심리 철학-단편 22절)

나는 한 사람의 말, 행동 혹은 표정에 대한 '의견'을 가지지 않는다. 왜냐하면 나는 그것들을 추가적으로 해석해야 할 무엇으로 보고 다시 그것으로부터 그가 의식이나 영혼을 가졌는지를 간접적으로 추론하지 않기 때문이다. 영혼을 향한 나의 '태도'는 한 사람의 말이나 행위 혹은 표정 등을 영혼의 표현으로, 다시 말해서 이미 어떤 의미들로 채워진 것으로 본다. 정상적인 인간들은 다양한 심리적 현상들을 체험하고, 그 체험과 내적으로 연결된 행동과 그 행동을 대체하는 언어로 자연스럽게 표현할 수 있다. 그뿐만 아니라 타인의 얼굴과 행동 및 언어표현을 같은 체험의 직접적인 표현들로 즉각적으로 이해하고 반응한다. 이러한 능력 때문에 우리는 어떤 것이 영혼을 갖는지에 대해서 단순히 하나의 '의견'을 형성하는 것이 아니라 그것을 생각하거나 영혼을 가진 것으로 보는 '태도'를 갖는 것이다.

비트겐슈타인은 문법적 탐구를 통해 '고통'과 같은 감각어의 사용과 언어놀이가 감각에 내적으로 연결된 원초적이고 본능적인 고통 행동과 함께 시작한다는 것을 발견한다. 그 결과로 그는 '사적 언어의 문제'와 '다른 마음의 문제' 등이 관련된 심리적 용어들의 문법을 오해한데서 생긴 사이비 문제임을 밝히고 해소해 버린다. 그런데 만일 누군가에게 이러한 능력이 없어 감각이나 감정을 그것과 내적으로 연결된 행동으로 표현할 수도 없고 타인의 그러한 행동에 자연스럽게 반응할 수도 없다면, 그는 결코 심리적 용어들과 관련된 언어놀이에 참여할 수 없을 것이다. 고통을 느낄 때 본능적으로 찡그리거나 울부짖고 그러한 행동표현을 감각어로 대체할 수 있는 것은 단순한 사회적 합의의 결과가 아니라 인간이면 누구나 공유하는 삶의 형태이다. 누구나 아플 때 그 고통과 내적으로 연결된 찡그림이나 울부짖음과 같은 행동으로 자연스럽게 표현하는 삶의 형태의 일치가 있기 때문에, 우리는 여러 심리적 용어들을 공적으로 사용하고 그것과 관련된 언어놀이에 참여할 수 있게 된다. 따라서 언어에서 사람들이 일치하는 것은 단순한 "의견의 일치가 아니라, 삶의 형태의 일치이다."(탐구 241절) 이런 이유에서 비트겐슈타인은 오직 살아있는 인간과 유사하게 행동하는 것에게만 엄밀한 의미에서 인간의 감각과 감정 또는 의식을 귀속시킬 수 있다고 말한다.

> 오직 살아있는 사람, 그리고 그와 비슷한(비슷하게 행동하는) 것에 대해서만, 우리는 그것이 감각들을 가지고 있다, 본다, 눈이 멀었다, 듣는다, 귀먹었다, 의식이 있다, 혹은 의식을 잃었다고 말할 수 있다.(탐구 281절)

오직 한 존재자가 우리 인간들처럼 고통이나 슬픔을 행동으로 자연스럽게 표현하고 또 타인의 행동을 그런 표현으로 즉각적으로 이해하고 반응할 수 있을 때, 우리는 그 존재자에게 '고통'과 '슬픔' 그리고 '의식'과 같은 심리적 용어를 귀속시킬 수 있다. 비트겐슈타인은 만일 사자가 말할 수 있다 하더라도,

우리는 그 말을 이해할 수 없다고 확신한다.(탐구, 심리 철학-단편 327절) 그 이유는 우리가 일상에서 너무나 자연스럽게 받아들이고 전제하는 기초적인 삶의 형태를 결코 사자와 공유할 수 없기 때문이다. 언어사용과 그것을 통한 소통은 삶의 형태 안에서의 일치가 있을 때에만 비로소 가능하다. 실제로 '고통'과 같은 개념을 사자와 같은 동물에게도 적용할 수 있는 것은 인간의 행동 유형으로 사자의 그것을 번역할 수 있기 때문이다. 반면 '~하는 척하기'(탐구 250절; 탐구, 심리 철학-단편 262-263절), '미래에 대한 두려움'(탐구 650절), '희망'(탐구, 심리 철학-단편 1절) 등을 개나 사자에게 적용하지 않는 이유는 이런 개념들에 연결된 인간의 행동 유형에 들어맞는 개나 사자의 행동 유형이 없기 때문이다. 더 나아가서, '~하는 척하기' 위해서는 그렇게 하는 것이 그러지 않는 것보다 어떤 목적에 더 유익하다는 믿음이 전제되고, 이 믿음은 언어적이기 때문에 섬세한 분별력을 필요로 한다. 이렇게 우리의 의식 경험들은 개념화를 통해 보다 섬세해지고, 그렇게 해서 얻어진 풍요로운 개념 목록들은 다시금 우리의 삶을 조건 짓게 된다. 하지만 개나 사자를 비롯한 동물들은 우리와 기본적인 삶의 형태를 공유하지 못하기 때문에 이러한 다양한 언어의 사용을 통해 익숙해진 많은 개념들과 사고방식들을 결코 소유할 수 없다. 기껏해야 오직 인간에게 일차적으로 적용할 수 있는 심리적 술어나 동사들 중극히 일부만을 인간의 행동을 기준으로 다른 창조물에게도 유비적으로 적용할 수 있을 뿐이다.

감정, 감각, 의식 그리고 희망 등의 개념들을 정당하게 귀속시킬 수 있는 유일한 조건이 인간의 행동적 기준임을 제시한 문법적 탐구의 결론은 오늘날의 현대 심리학과 심리철학에도 의미 있는 교훈을 줄 수 있다. 그것은 다름 아니라 이러한 개념들을 데카르트가 말하는 비물질적 실체로서의 정신res cogitans이나 뇌처럼, 살아있는 인간과 같이 육체를 갖지도 그들처럼 행동하지도 않는 것에 결코 귀속시킬 수 없다는 것이다.

그리고 우리는 돌에 대해서, 그것이 영혼을 갖고 그 영혼이 고통을 갖는다고 말할 수 있을까? 영혼과 고통을 갖는 것이 돌과 무슨 상관인가? 오직 사람처럼 행동하는 것에 대해서 우리는 고통을 갖는다고 말할 수 있다. 왜냐하면 우리는 몸에 대해서, 또는 원한다면 몸을 지닌 영혼에 대해서, 그런 말을 해야 하기 때

문이다.(탐구 283절)

뇌의 특정 구조나 기능부전이 우리의 의식 활동이나 심리적 상태를 제한하거나 영향을 미치는 것은 부인할 수 없는 사실이지만, 이들 중 어떤 것도 의식과 다른 심리적 용어들의 의미형성에 어떠한 역할도 하지 못한다. 이러한 비트겐슈타인의 통찰은 비물질적 정신에 인간 의식을 귀속시키는 데카르트주의도, 역으로 비정신적 물질인 뇌에 의식을 귀속시키는 물리주의도 모두 문법적 혼동이 야기한 오류에 불과하다는 것을 보여 준다.

3) 의미-경험과 튜링테스트

1939년 비트겐슈타인은 자신의 한 강의에서 '수학의 기초'라는 주제에 관심을 집중했던 적이 있었다. 이 강의의 참가자 중 하나가 수학 천재이자 컴퓨터공학계의 선구자로 잘 알려진 앨런 튜링Alan M. Turing이었다. 튜링은 1950년 「컴퓨팅 기계와 지능」이라는 논문에서 "기계가 생각할 수 있는가?"라는 질문과 함께 어떤 기계가 인간처럼 생각할 수 있는지를 확인하는 방법으로 '이미테이션 게임'으로 잘 알려진 튜링테스트를 제안한다. 이 테스트는 다음과 같이 진행된다. 심사자는 숨겨진 두 개체(사람과 기계) 사이의 대화를 듣고 어느 쪽이 기계이고 어느 쪽이 사람인지 구별해 본다. 이때 심사자가 개체들의 대화를 통해 기계를 구별하지 못한다면 이 기계는 생각하는 존재로 인정해야 한다는 것이다. 비트겐슈타인은 마치 튜링의 이런 제안을 앞서 예상이라도 한 듯이 자신의 입장을 밝힌다. 그의 입장을 정확히 이해하려면 우선 1947년부터 1949년 사이에 쓰인 『탐구』에 부록으로 실린 『심리철학-단편』과 『심리학적 소견들 I*Remarks on the Philosophy of Psychology* vol. 1』(이하 '소견'으로 인용) 등에서 집중적으로 다뤄진 '상相, Aspekt-주목하기'와 '의미-경험'에 대한 이해가 필요하다.

[그림1]

[그림1]의 예처럼, 우리는 어떤 그림을 오리의 머리 모양으로 보다가 갑자기 토끼와의 유사성을 인지하고 그 그림을 토끼의 머리로 볼 수 있다. 물론 역으로 그것을 토끼의 머리로 보다가 갑자기 오리와의 유사성을 인지하고 오리 머리로 보는 것도 가능하다. 이렇게 한 얼굴을 바라보다가 갑자기 그 얼굴과 다른 얼굴과의 유사성에 주목하는 것을 비트겐슈타인은 '상-주목하기das Bemerken eines Aspekts'라고 부른다.(탐구, 심리 철학-단편 113절) '상-주목하기'는 다시 '상의 지속적인 봄'과 '상이 갑자기 떠오름'으로 구별된다.(탐구, 심리 철학-단편 118절) 예컨대, 토끼-오리 그림을 처음부터 토끼 그림'으로 볼seeing-as' 뿐 다른 어떤 것으로 전혀 보지 못하는 경우가 '상을 지속적으로 봄'에 해당하고, 그 그림을 갑자기 오리 머리로 본다면 그것은 '상이 갑자기 떠오름'에 해당한다.

도대체 어떻게 동일한 그림을 보면서 서로 다른 상을 주목하는 것이 가능할까? 누군가 우리에게 이렇게 묻는다면, 우리는 그것이 시각적 경험과 그 경험에 대한 지성적 해석이라고 답하려 할 것이다. 하지만 비트겐슈타인은 그것이 만족스러운 해답이 아님을 알고 있었다. 왜냐하면 이 경험은 상相의 변화를 지각하기 때문에 하나의 그림을 다르게 보지만 동시에 그림 자체는 물리적으로 전혀 변하지 않는 독특한 경험이기 때문이다. 상-주목하기는 동일한 그림을 바라보다가 갑자기 그 얼굴과 다른 얼굴과의 유사성을 인지하는 경험이다. 그래서 비트겐슈타인은 상-주목하기 경험을 단순한 봄seeing도, 해석도, 그리고 양자의 단순한 결합도 아닌 "마치 해석하듯 봄" 혹은 "반은 시각적 경험이고 반은 사고"(탐구, 심리 철학-단편 116절, 140절)라고 규정한다. 이렇게 본다면, 일상에서 어떤 그림을 볼 때 우리는 그것을 단순하게 본다고 여기겠지만 실제로는 그것을 이미 어떤 '해석에 따라 본다'고 말할 수 있을 것이다. 우리는 어떤 그림을 보면서 우선 특정 배열 속에 있는 선들과 색상들을 보고, 그 다음에 오리 머리의 묘사로 해석하지 않는다. 오히려 그 안에 그려진 대상을 보면서 즉각적으로 그 그림을 무엇인가의 그림'으로 본다seeing-as.' 내가 오리'로 보는' 그림은 어떤 추가적인 해석 행위가 필요 없는 이미 '해석된 기호'인 셈이다. 하나의 상에 주목할 때 내가 지각하는 것은 대상의 성질이 아니라, 우리가 보는 그림(토끼-오리 그림)과 다른 대상들(실제 토끼나 오리) 사이의 유사성 내지 '내적 관계'이다.(탐구, 심리

철학-단편 247절)

비트겐슈타인에 따르면, 상-주목하기라는 주제는 의미 문제와 관련해서 아주 중요하다. 그는 어떤 것의 '상-보기sehen des Aspekts' 개념과 '낱말의 의미-경험하기erleben der Bedeutung eines Wortes' 개념 사이의 친근성을 발견한다.(탐구, 심리 철학-단편 261절) 그런데 후기 비트겐슈타인을 특징짓는 소위 '사용 의미론'에 익숙한 우리에게 낱말의 '의미-경험'이라는 표현은 당혹스러울 수밖에 없다. 비트겐슈타인은 『탐구』에서 한 낱말의 의미와 문장의 뜻이 언어에서 그것의 '사용'이라고 분명히 밝힌다.(탐구 43절, 421절) 언어의 의미가 그것의 사용에 의해서 결정된다면, 어떻게 의미의 경험이라는 것이 가능하고, 또 가능하더라도 의미론적으로 어떤 중요성이 있을까? 낱말의 '의미-경험'은 지금까지 철학사 안에서 좀처럼 관심의 대상이 되지 못했던 경험이다. 한 낱말의 의미를 경험한다는 것은 곧 그 낱말의 의미-상을 인지한다는 것이다. 상-보기에서 지각되는 것이 대상의 성질이 아니라 그 대상과 다른 대상들과의 유사성 내지 내적 관계인 것처럼, 의미-경험에서도 우리가 인지하는 의미-상은 한 낱말의 특정한 사용들 사이에 있는 유사성 내지 내적 관계이다. 비트겐슈타인은 이 독특한 경험을 설명하기 위해 낱말의 '얼굴' 내지 '관상觀相, Physiognomie'이라는 비유를 사용한다. 낱말의 '얼굴' 또는 '관상'은 마치 시의 한 구절이나 음악적 테마(탐구 531절)를 다른 것과 대체할 수 없는 것처럼, 어느 낱말이나 문장이 바로 그 위치에서만 가질 수 있는 마치 '낯익은 얼굴'(탐구, 심리 철학-단편 294절)이나 '은은한 향기'(소견 243절)를 지닌 것처럼 느껴지는 독특한 체험을 비유적으로 표현한 것이다. 이렇게 체험되는 낱말의 의미—상은 독특한 느낌과 함께 그 낱말의 특정한 사용의 가능성 내지 기대감을 우리에게 시사한다. 만일 우리가 어떤 낱말의 의미—상을 통해 특정한 사용의 가능성 내지 기대감을 느끼지 못한다면, 우리는 그 낱말의 사용 가능성 중 특정 맥락에 맞는 하나를 어떠한 추가적인 해석 없이 전광석화처럼 이해하고 사용할 수 없을 것이다.

한편 비트겐슈타인은 상—보기가 불가능함을 지칭하기 위해서 '상맹Aspektblindheit'이란 개념을 사용한다.(탐구, 심리 철학-단편 257, 258, 260쪽) 상맹은 두 얼굴의 유사성을 전혀 인지할 수 없어 '상의 지속적인 봄'도 '상이 갑자기 떠오름'도 경험할 수 없다. 그래서 그는 "이제 토끼로 보인다!"와 같은 말로 그런 경험을 자발적으로 표현할 수 없고 다른 사람의 그런 표현을 즉각적으로 이해하고 적절하게 반응할 수도 없다. 비트겐슈타인은 이러한 상맹과 유사하게 낱말의 의미-상-주목하기가 불가능한 경우를 '의미맹Bedeutungsblindheit'이라고 부른다.(소건 182, 189, 198, 202, 205, 206절) '의미맹'은 '의미-상'에 주목할 수 없는 일종의 상맹이다. 상맹인 사람이 상의 지속적인 봄이나 상의 갑작스러운 떠오름 내지 전환을 할 수 없는 것처럼, 의미맹인 사람도 낱말의 얼굴이나 관상으로 비유되는 의미-상의 지속적인 봄이나 그것의 갑작스러운 떠오름을 인지하지 못한다. 그래서 그는 "이 기호를 화살표로서 보라!"라는 말을 이해할 수도 없고, "이제 화살표로 보인다!"라는 표현을 사용하는 법을 배울 수도 없다.(소건 344절)

상맹은 "음감의 결여와 유사하다."(탐구, 심리 철학-단편 260절) 상맹의 일종인 의미맹도 마찬가지이다. 음감이 결여된 자가 어떤 악절을 마치 '친근한 인상'을 가진 것처럼 음미하며 풍요롭게 이해할 수 없듯이, 의미맹인 사람도 한 낱말의 의미를 구체적인 상황에 적합하고 어울리는 것으로 이해할 수 없다. 의미맹인 사람은 언어적 기호들의 일상적인 의미를 이해하고 사용할 수 있지만, 시詩 속의 낱말이나 음악 속의 테마처럼 언어적 기호를 구체적인 상황에 적합하고 어울리는 것으로 볼 수 없다.(탐구 531절) 그래서 낱말의 관상을 본다는 것은 그 낱말이 특정한 방식으로 사용될 가능성 내지 기대감을 보는 능력이다. 따라서 이런 능력이 없는 의미맹인 사람은 낱말의 사용 가능성 중 특정 맥락에 맞는 하나를 추가적인 해석 없이 전광석화처럼 이해하고 사용할 수 없다. 이러한 통찰은 우리가 이미 살펴본 '규칙 따르기' 주제와 관련해서도 상당히 중요한 의미를 갖는다. 비트겐슈타인은 '규칙 따르기' 주제를 다루면서 '관상'과 '얼굴'을 언급하며 다음과 같이 말한다.

거기에서 당신이 보는 것은 오직, 일상적인 삶에서 우리가 "규칙을 따르기"라고 부르는 것의 관상에 속하는 것들뿐이다!(탐구 235절)

하나의 수열은 우리에게 하나의 얼굴을 지닌다!(탐구 228절)

한 낱말의 의미를 경험한다는 것은 낱말의 의미-상을 인지한다는 것이다. 낱말의 의미-상은 어떤 대상이나 대상의 성질이 아니라 한 낱말과 그것이 사용되는 사례들 사이의 내적 관계이다. 우리가 언어를 배운다는 말은 결국 훈련을 통해서 낱말들의 의미-상을 습득하고, 이러한 사용들 사이의 내적 관계를 볼 수 있게 됨을 함축한다. 그 결과로 한 낱말이 낯익은 얼굴을 가진 것처럼 다가오는 독특한 느낌과 함께 우리는 낱말의 사용 가능성 중 특정 맥락에 맞는 하나를 전광석화처럼 이해하고 사용할 수 있게 되고, 우리가 지각하는 수열이나 언어적 기호는 어떤 추가적 해석도 필요 없는 이미 '해석된 기호'가 된다. 하나의 수열이나 낱말은 마치 그 속에 이미 모든 것이 놓여 있는 것 같은 느낌, 다시 말해서 "마치 마술처럼 규칙들에 의해 인도되고 있다는 느낌"(탐구 234절)을 갖게 하는 하나의 얼굴을 가지고 있다. 이는 우리가 규칙이 지닌 얼굴의 관상을 보며 행동할 뿐, 더 이상의 안내에 호소할 필요가 없음을 표현한 것이다.(탐구 228절) 바로 이점 때문에 우리가 언어를 사용할 때 규칙 따르기의 역설과 같은 문제는 발생하지 않는다. 내가 규칙을 따를 때 선택 없이 맹목적으로 따라야 한다는 요청(탐구 219절)과 이해가 해석이 아닌 규칙 파악이어야 한다는 요청(탐구 201절)을 모두 충족시키기 때문이다. 여기서 우리는 왜 비트겐슈타인이 낱말의 "의미는 하나의 관상"(탐구 568절)이라고까지 말한 이유를 알 수 있다. 이 주장은 한 낱말의 의미가 (대부분의 경우) 언어에서의 그것의 '사용'이라는 후기 비트겐슈타인의 기본입장(탐구 43절)과 결코 상충되지 않고 오히려 그것을 완성한다고도 보아야 한다. 왜냐하면, 낱말의 관상은 그 낱말의 규칙적인 사용과 그것들 사이의 내적 관계를 우리에게 드러내 주는 친숙한 얼굴이기 때문이다. 이처럼 비트겐슈타인은 낱말의 의미가 하나의 관상이라는 주장을 통해서 낱말의 의미-경험이 그 낱말의 의미, 사용 그리고 이해의 일부라는 것을 강조하면서 언어의 사용과 의미 사이의 관계를 보다 명료하게 밝히고 있다.

인간의 의식은 상-주목하기를 통해서 세계를 단지 수동적으로 인식하는 것이 아니라 대상들을 친근한 인상을 지닌 것으로 끊임없이 지각하면서, 자신과 세계와의 관계를 선택적이고 창의적으로 구성한다. 따라서 지금까지 우리가 세계에 대해서 객관적이라고 여겨 온 것들은 단지 수동적으로 주어진 것이 아니고 내적 관계들에 대한 지속적인 지향적 선택을 통해서 우리가 획득한 것들이 된다. 하지만 상맹인 사람은 '상의 지속적인 봄'이나 '상이 갑자기 떠오름'을 절대 경험할 수 없다. 상맹의 일종인 의미맹인 사람에게도 이와 유사한 문제가 발생한다. 그는 자신의 의식의 흐름 안에서 지속적이거나 역동적인 의미−상의 인지나 떠오름을 경험할 수 없기 때문에 낱말을 대하면서 그 낱말의 특정한 사용의 가능성 내지 기대감을 시사하는 느낌을 경험할 수도 없고 이 경험과 내적으로 연결된 "아, 이제 알겠다!"와 같은 자연스러운 표현도 배울 수 없다. 그리고 당연히 다른 사람의 이런 표현을 즉각적으로 이해하고 적절하게 반응할 수도 없다. 이런 결핍 때문에 의미맹인 사람은 규칙을 따르거나 낱말을 사용할 때 어떻게 하는 것이 올바른 적용인지를 매번 고민하거나 해석해야만 한다. 그는 항상 낱말들을 습관화되지 않은 낯선 기호로 대하고 그것들에 기계적으로 반응하는 영구적인 해석자가 될 수밖에 없다. 그래서 비트겐슈타인은 다음과 같이 말한다.

그러나 다음은 사실이다: 우리는 정신이 박약한 사람들이 마치 우리보다 더 기계적으로 말하는 것처럼 자주 느낀다. 그리고 만일 어떤 이가 우리가 '의미맹'이라고 부르는 사람이라면, 우리는 그가 오히려 '자동기계처럼' 행동하면서 우리보다 덜 생생한 인상을 남길 수밖에 없다는 것을 상상할 수 있을 것이다.(소견 198절)

의미맹인 사람은 특정한 상황에서 정상적인 인간보다는 오히려 자동기계와 흡사하게 행동할 수밖에 없고, 따라서 정상적으로 행동하는 우리 주위의 인간들이 실제로는 자동기계일 가능성은 없다고 말해야 한다.(탐구 420절) 오직 '상-주목하기'와 '의미-경험'을 자발적으로 표현할 수 있고 다른 사람의 이런 표현을 즉각적으로 이해하고 적절하게 반응할 수 있는 자들에게만 온전한 의미에서의 인간의 '의식'과 '생각'을 귀속시킬 수 있다. 인간은 이런 경험으로 인해 세계를 점진적으로 보다 깊이 있게 체험하고, 같은 능력을 지닌 이들과 이러한 삶의 형태를 공유하면서 언어놀이를 실행한다. 이런 삶의 형태와 언어놀이를 공유할 수 없는 어떤 자연적, 인공적 존재자들도 인간의 행위를 결코 완벽하게 흉내 낼 수 없다. 이점을 직시한 비트겐슈타인은 인간 의식이 지닌 엄청난 창의력을 인간들에게 부여하고 바로 이 능력을 총체적 의미에서 '영혼의 충만함'으로, 이 영혼의 충만함의 정반대를 '기계적임'이라고 부른다.(소견 324절) 그리고 그는 다음과 같이 결론 내린다.

하지만 여하튼 기계는 생각할 수 없다!—이것은 경험적 명제인가? 아니다. 우리는 오직 사람과 그를 닮은 것에 대해서만, 그것은 생각한다고 말한다.(탐구 360절)

튜링에 따르면, 기계의 행동과 인간의 그것을 구분할 수 없을 때 그 기계에 "생각할 수 있다"는 술어를 귀속시킬 수 있다. 하지만 인간의 의식은 단순히 감각 자료를 수동적으로 수집하는 것이 아니라 이미 내재화된 관계들 속에서 선택된 대상과 낱말의 관상을 보면서, 이를 통해 주어진 세계를 항상 창의적으로 구성한다. 그리고 이런 심층적인 의식 경험을 자발적인 행동으로 표현하고 다른 사람의 그런 표현에 자발적으로 반응한다. 따라서 이 모든 것이 불가능한 모든 자연적 혹은 인공적 존재자들은 비트겐슈타인이 제안하는 보다 엄격해진

'튜링테스트'를 결코 통과할 수 없다.

5
확실성과 앎

1) 확실성과 앎의 범주적 구분

비트겐슈타인의 생애에서 말기에 해당하는 1946-1951년의 시기를 일부 학자들은 『논고』와 『탐구』에 이어 '제3의 비트겐슈타인'이라고 칭한다. 물론 그들의 주장처럼 이 시기의 작품이 이전 시기와 완전히 단절된 독창성을 지닌다고 볼 수는 없지만, 이전 작품에서 다룬 주제를 창의적으로 재구성하고 보다 높은 완성도를 이룬 것은 틀림없다. 비트겐슈타인은 자신의 생애 마지막 1년 6개월을 가족과 친구들과 함께 빈과 옥스퍼드 그리고 케임브리지에서 보냈다. 이 기간에 그는 자신의 노트에 철학적 단상들을 계속해서 적었는데 주로 앎과 확실성, 색채 그리고 심리철학에 관한 것이었고, 이중 첫 번째 주제에 관해 쓴 그의 유고는 『확실성에 관하여』라는 제목으로 사후에 출판된다. 이 책 내용의 절반 이상은 비트겐슈타인이 사망하기 직전 6주 동안 쓰인 것으로 암투병으로 사투를 벌이며 마지막 열정을 다해 쓴 것으로 유명하고 연구자들 사이에서 이해하기 힘든 내용으로도 악명이 높다. 1949년 미국 방문 동안 비트겐슈타인은 친구 말콤Norman Malcolm과 함께 무어G. E. Moore가 쓴 「상식의 방어A Defence of Common Sense」와 「외부 세계의 증거Proof of an External World」라는 두 논문에 대해서 광범위하게 토론했다. 『확실성』은 바로 이 두 논문에 대한 비트겐슈타인의 성찰을 토대로 쓰인 작품이다. 하지만 유사한 주제들이 이전 저작들, 특별히 『탐구』의 324-326절 그리고 466-486절에 이미 등장한다. 따라서 『확실성』은 온전히 새로운 내용이라기보다는 『탐구』에서 이루어진 핵심적인 논의가 이전과 상당히 다른 맥락에서 지속해서 확장된 것으로 보는 게 더 정확하다. 예를 들어서, 『확실성』은 비트겐슈타인이 이미 『탐구』와 다른 이전 저작들에서 다루기 시작한 '믿음', '앎', '정당화' 그리고 '확실성'과 같은 인식론적 개념들의 실제 사용을 주의 깊게 바라보는 문법적 탐구를 지속하면서 이 개념들에 대한 오해에서 생긴 철학적 문제들을 해소하는 작업을 확장해 나아간다.

「상식의 방어」에서 무어는 관념론과 회의주의에 대응하면서 외부 세계에 대한 상식적 관점을 옹호한다. 논문 앞부분에서 무어는 우리에게 확실히 참인 것으로 알려진 명제들의 목록을 제시한다. 예를 들면, "나는 몸을 가지고 있다", "지구는 내가 태어나기 전부터 오랜 세월동안 존재해 왔다", 그리고 "나는 인간이고 지구에서 멀리 떠나 본 적이 없다"와 같은 명제들이 여기에 속한다. 이른바 "무어-명제들"이라고 불리는 이러한 명제들은 우리에게 너무도 확실하게 참이지만 그것에 대해서 어떤 증거를 댈 수 없는 명제들을 일컫는다. 비트겐슈타인은 무어가 이러한 종류의 명제에 관심을 기울인 통찰력을 높이 평가하지만, 그것의 본성과 중요성에 대해서는 잘못 이해했다고 비판한다. 예를 들어서, 무어는 무어-명제들의 본성과 관련해서 우리가 그것들을 '안다know'고 잘못 생각했다는 것이다. "나에게 두 손이 있다는 것을 나는 안다"라고 생각하는 것은 무의미하다. 만일 누군가가 무엇을 안다고 한다면, "당신은 어떻게 그것을 아는가?"라는 질문에 답할 수 있어야 한다.(확실성 550절) 다시 말해서 그는 믿는 것을 위한 근거를 제시할 수 있어야 한다. 하지만 보통의 경우에 확실한 무어-명제들을 위해 우리가 제공할 수 있는 근거는 없다. 누군가가 어떤 명제를 믿는 근거를 제시하려면 그 명제보다 더 확실한 어떤 것을 제시해야 하는데, 무어-명제들보다 더 확실한 근거는 없기 때문이다.

정상적인 상황에서 내게 두 손이 있다는 것은, 내가 이를 위해 증거로 제시할 수 있는 그 어떤 것만큼이나 확실하다. 이런 이유에서 나는 나의 손을 바라봄을 이를 위한 증거로 삼을 수 없다.(확실성 250절)

따라서 비트겐슈타인은 "나에게 두 손이 있다"와 같은 무어-명제를 우리는 "안다"고 말할 수 없다고 결론짓는다. 여기서 주목할 것은 비트겐슈타인이 '앎knowledge'과 '확실성certainty'을 범주적으로 구분한다는 사실이다. 이 구분은 무엇을 의미하는 것일까? 전통적인 정의에 따르면, 앎 또는 지식은 '정당화된 참된 믿음justified true belief'이다. 이 정의를 수용하면 앎과

정당화는 개념적으로 연결된다.(확실성 175, 243, 250, 307, 504절) 따라서 우리가 근거나 정당화에 기초한 확실성을 말한다면, 그 확실성은 여전히 앎과 같은 범주에 속하게 될 것이다. 비트겐슈타인은 확실성을 인식론적으로 이해하려는 이러한 철학적 전통과 결별하려 한다. 예를 들어서, 극단적인 회의주의에 맞서 확고한 지식체계를 수립하려 했던 데카르트는 '앎knowledge'을 절대적인 확실성이 요구되는 개념으로 사용한다. 만일 우리가 이렇게 엄격한 기준을 수용한다면, 일상에서 진정으로 안다고 말할 수 있는 것은 거의 없을 것이다. 데카르트가 추구하는 이렇게 엄격한 '앎'의 기준은 성취 불가능한 목표일뿐만 아니라 실제로 우리들의 언어놀이 안에 존재하지 않는다. 따라서 이제 우리는 앎과 확실성을 범주적으로 구분해야 한다. 그런데 우리가 전통적인 '앎'의 정의를 유지하는 한 그것과 범주적으로 구별되는 확실성은 정당화 내지 근거에 의존하지 않아야 한다. 다시 말해서 확실성은 오직 근거 제시나 증거의 정당화 끝에 있는(확실성 204절) 무근거적이고 비인식론적이어야 한다는 말이다. 여기서 우리는 확실성을 본성으로 하는 무어-명제를 "안다"고 말하는 것이 왜 오류인지 다시 한

번 확인할 수 있다.

이제 그가 무어-명제들의 중요성에 대해서 잘못 이해한 점을 살펴보자. 비트겐슈타인에 따르면, 무어-명제가 중요한 이유는 무어의 설명처럼 우리 모두가 그 명제들이 참이라는 것을 확실하게 알고 있기 때문이 아니다. 오히려 그것들이 경험적 명제의 형식을 지니고 있으면서도 일반적인 경험적 명제들과 달리 우리의 믿음체계 안에서 "독특한 논리적 역할"을 수행하기 때문이다.

무어가 이러이러한 것을 자신이 안다고 말할 때, 실제로 그는 오직 우리가 특별한 검사 없이도 긍정하는 경험적 명제들만, 그러니까 우리의 경험적 명제들의 체계 안에서 독특한 논리적 역할을 하는 명제들만 나열한다.(확실성 136절)

무어-명제가 경험적 명제들의 체계 내에서 담당하는 독특한 논리적 역할이란 도대체 무엇일까? 비트겐슈타인은 이 역할을 설명하기 위해서 축Angel이라는 흥미로운 이미지를 사용한다.

즉 우리가 제기하는 물음들과 우리의 의심들은, 말하자면 그 물음들과 의심들이 그 위에서 운동하는 축처럼 어떤 명제들이 의심으로부터 제외된다는 사실에 의거한다.(확실성 341절)

만일 내가 문들이 돌아가기를 원한다면, 축들은 고정되어야 한다.(확실성 343절)

우리가 어떤 문을 여닫기 위해 회전하도록 만들려면, 그 문의 한쪽은 '축'이나 '경첩'으로 고정되어 있어야한다. 마찬가지로 우리가 무엇에 대해서 묻거나 의심하려면 자신은 의심이나 의문의 대상이 될 수 없지만 다른 물음이나 의심을 가능케 하는 운동축 역할을 하는 확고한 믿음이 있어야 한다. 우리가 어떤 것을 탐구할 때에도 마찬가지로 의심으로부터 면제된 확실성이 고정된 '축'처럼 작용해야 한다.(확실성 341, 343, 665절) 만일 이러한 확실성을 의심한다면 이 의심은 모든 것을 혼돈 속으로 빠지게 할 것이다.(확실성 613절). 그뿐만 아니라 한 아이가 어떤 언어놀이에 익숙해지려면 특정 의심들을 내려놓고 "그 어디선가 의심하지 않음과 함께 시작해야 한다."(확실성 150절)

예를 들어서, 만일 한 아이가 지구의 존재나 물질적 대상의 존재에 대해서 의심한다면, 그것에 대해 질문하고 답하거나 이론을 세우는 등의 어떤 언어놀이에도 참여할 수 없을 것이다.(확실성 283절) 이처럼 우리의 사고와 언어의 운동축 역할을 하는 어떤 확실성을 확고한 것으로 받아들이지 않으면, 언어놀이는 작동하지 않는다. 이런 의미에서 '의심할 여지 없음 Zweifellosigkeit'은 언어놀이의 본질에 속한다."(확실성 370절).

그렇다면 우리는 사고와 언어의 운동축 역할을 하고 언어놀이의 작동조건이 되는 이러한 확실성을 어떻게 배우는 걸까?

나는 나에게 확고한 명제들을 명시적으로 배우지 않는다. 나는 그것들을 회전하는 물체의 회전축처럼 나중에 발견할 수 있다. 이 축은 고정되어 있다는 뜻에서 확고하지는 않지만, 그것 둘레를 도는 운동이 그것을 움직이지 않는 것으로 확정한다.(확실성 152절)

우리는 사고와 언어의 운동축 역할을 하고 언어놀이의 작동조건이 되는 확실성을 따로 떼어 명시적인 명제 형태로 배우지 않는다. 오히려 우리는 생각하고, 탐구하고, 의심하고, 언어를 사용하면서 그러한 확실성을 마치 회전하는 물체의 회전축처럼 나중에 발견하게 된다.

확실성이 확고하게 고정된 것으로 보이는 이유는 그것이 본질적으로 고정된 상태이기 때문이 아니고 그 둘레에 놓여 있는 것들이 그것을 중심으로 회전하면서 꽉 잡고 있기 때문이다.(확실성 144절) 따라서 일상적인 경험적 명제들과 달리 언어놀이의 작동조건이 되는 확실성은 우리가 고립된 개별 명제들의 형태로 배워 익힌 것이 아니라 우리가 행하거나 배운 것들과 함께 암묵적으로 받아들인 것이다. 이런 이유에서 비트겐슈타인은 우리들이 어떤 확실성을 언어놀이의 작동조건으로 받아들이는 것은 어떤 규약의 결과가 아니라 전승된 배경인 '세계상Weltbild'의 결과라고 본다. 내가 나의 세계상을 갖는 것은 그것의 올바름을 확인했기 때문이 아니다.(확실성 94절) 예를 들어서, 나는 "지구가 내가 태어나기 전부터 존재했었다"라고 확신하는 것은 증거들을 평가하거나 사실이라고 믿을 만한 좋은 이유가 있다고 의식적으로 판단했기 때문이 아니다.(확실성 103절) 오히려 나는 이러한 확실성을 교육이나 다른 사람들과의 상호작용을 통해서 형성한 다른 많은 믿음들과 함께 '삼키거나'(확실성 143절) '받아들인'(확실성 279절) 것이다. 비트겐슈타인은 '앎'과 관련해서 '명시적으로 배우다lernen'라는 동사를 사용한다. 반면 '확실성'과 그것이 구성하는 '체계'와 관련해서는 '암묵적으로 받아들이다aufnehmen(확실성 279절) 또는 '삼키다schlucken(확실성 143절)라는 동사를 사용한다. 실제로 독일어 'lernen'이 지향적 성격을 지닌 반면 'aufnehmen'과 'schlucken'은 비지향적 성격을 지닌 동사들이다. 나는 확실성을 암묵적으로 받아들이고 삼킨다. 그래서 그것들은 전혀 의도한 바 없이 우리가 행동하고 말하는 방식 안에 반영되는 비지향적 전제들이 된다. 이렇게 원시적인 방식으로 행위를 함으로써 어린아이들은 언어놀이에 참여하고 우리들의 확실성들을 공유하기 시작한다. 따라서 우리가 언어놀이의 작동조건인 확실성과 맺는 관계를 지나치게 인식론적으로 또는 합리적으로 이해하는 것은 잘못이다. 그리고 이러한 결론은 "내가 규칙을 따를 때, 나는 선택하지 않는다. 나는 규칙을 맹목적으로 따른다"(탐구 219절)라는 비트겐슈타인의 주장을 다시

한번 우리에게 상기시켜 준다.

2) 확실성과 무근거성에 대한 두려움

확실성은 믿음체계 안에서 그것들을 중심으로 회전하고 있는 다른 믿음들이 꽉 붙들고 있기 때문에 형성된다. 따라서 확실성은 고정불변한 것이 아니라 가변적인 것이다. 우리의 믿음체계 안에서 믿음들은 다소 유동적인 것들과 확고한 것들로 나뉘게 되는데, 그 구분은 절대적인 것이 아니라 그 믿음들 사이의 상대적 관계에 달려 있다. 비트겐슈타인은 이점을 설명하기 위해 잘 알려진 또 다른 비유를 사용한다.

경험적 명제들의 형식을 가진 어떤 명제들이 굳어져서 굳지 않고 흐르는 경험적 명제들을 위한 배관 역할을 하게 되리라는 것, 그리고 이 관계가 시간의 흐름에 따라 변해서 흐르는 명제들은 굳어지고 굳은 것들은 흐르게 되리라는 것을 우리는 상상할 수 있다.(확실성 96절)

이 인용문의 주장대로, 겉으로는 경험적 명제의 형식을 띠지만 언어놀이의 작동조건이자 규칙 역할을 하는 확실성이 시간의 흐름에 따라 변할 수 있다면 언어놀이도 변할 것이고, 언어놀이가 변하면 당연히 낱말들의 의미도 변하지 않을까?(확실성 65절). 우리의 세계상을 구성하는 가장 확고한 믿음들이 변한다면, 당연히 우리와 완전히 다른 세계상들이 존재하는 것도 가능하지 않을까? 만일 그렇게 된다면 서로 대립되는 세계상을 합리적으로 평가할 수 있는 객관적 기준이 없다고 말해야 한다. 왜냐하면 세계상은 "나의 모든 연구와 주장의 토대"(확실성 162절)이고 "내가 그 위에서 옳고 그름을 구분하는 전해 내려온 배경"(확실성 94절)이기 때문이다. 하나의 믿음이 옳은지 그른지의 여부는 믿는 이의 세계상에 따라서 상대적이기 때문에, 어떤 믿음도 절대적으로 참이거나 거짓일 수 없다. 그래서 하나의 세계상이 다른 세계상보다 우월하다고 생각할 수 있는 우리들의 세계상을 넘어서는 객관적인 기준은 없다고 결론지어야 한다. 그렇다면 우리는 상대주의를 인정하는 수밖에 없을까? 실제로 우리는 『확실성』에서 비트겐슈타인이 상대주의를 주장하는 것처럼 보이는 문장들을 발견할 수 있다.

"그러나 그렇다면 거기엔 어떤 객관적 진리도 없는 걸까? 누군가가 달에 있었다는 것은 참이거나 거짓이 아닌가?" 우리가 우리의 체계 안에서 생각하면, 어떤 인간도 달에 간 적이 없다는 것은 확실하다. 이성적인 사람들에 의해 그런 어떤 것이 우리에게 진지하게 보고된 적이 없을 뿐만 아니라, 우리 물리학의 전 체계가 우리가 그렇게 믿는 것을 금하고 있다. 왜냐하면 이 체계는 다음과 같은 질문들에 답할 것을 요구하기 때문이다: "어떻게 그는 중력을 극복했는가?", "어떻게 그는 대기층 없이 생존할 수 있었나?" 그리고 대답될 수 없는 수천 가지 다른 질문들.(확실성 108절)

이 텍스트는 아폴로 11호가 달에 착륙하기 약 20년 전에 비트겐슈타인이 작성한 것이다. "어떠한 인간도 달에 간 적이 없다"라는 명제는 비트겐슈타인 시대의 체계 내에서 의심의 여지가 없는 규범적 지위를 가졌다. 하지만 그것은 과학기술의 발전과 더불어 오늘날 우리들의 체계 내에서는 일상적인 경험적 판단의 지위로 돌아간다. 하지만 우주여행이 불가능하다고 본 비트겐슈타인의 확신을 아우르던 서양의 과학적 세계상 전체가 인간이 처음으로 우주여행에 성공하자마자 완전히 바뀐 것은 아니다. 비록 지금까지 우리가 참여하는 언어놀이에서 규칙의 역할을 했던 확고한 명제가 그 지위를 상실하기도 하지만, 우리에게 전해 내려온 배경으로서 확실성의 전체 체계인 세계상은 극단적인 변화 없이 유지될 수 있다. 앞서 본 것처럼, 확고한 것이 그러한 이유는 그 자체로 명백하거나 분명하기 때문이 아니라, 그 둘레에 놓여 있는 것들이 그 확고한 것을 중심으로 회전하면서 꽉 잡고 있기 때문이다.(확실성 144절) 비트겐슈타인 시대에 사람이 달에 갈 수 없다는 판단이 '객관적'일 수 있는 이유는 과연 인간이 중력을 극복할 수 있고 공기 없이 생존할 수 있는가 등과 같은 관련된 수많은 질문과 그 질문에 대한 대답들이 그 판단을 주위에서 꽉 붙들고 있었기 때문이다. 따라서 오늘을 살아가는 우리는 이러한 이전의 판단이 거짓이라고 비난할 수 없다.(확실성 292절) 비록 자신의 지위를 결코 잃지 않고 변화의 가능성이 없는 확고한 명제는 존재하지 않지만, 하나의 전체 체계 '안'에서 어떤 명제는 우리에게 절대적으로 단단하고 확고한 것으로, 그래서 모든 회의 가능성에 면제된 것으로 나타난다. 이것이 바로 특정 세계상 안에는 단순한 규약성conventionality이 아닌 객관성의 영역이 존재한다고 말할 수 있는 이유이다.

『확실성』안에서 성취된 철학적 발전은 무엇보다 전통 서구철학의 보편주의적 패러다임으로부터 명백히 결별하고, '앎', '진리', '의심'과 같은 개념들은 오직 세계상 안에서 드러나는 확실성의 체계에 상대적으로 유의미해진다는 사실을 밝혔다는 데 있다. 요컨대, "근거 있는 믿음의 밑바닥에는 무근거적인 믿음이 놓여 있다"(확실성 253절)는 것을 밝혔다는 데에 있다. 하지만 세계상을 구성하는 확실성은 오직 "그것 둘레의 운동"을 지각함으로써만 회전하는 물체의 회전축처럼 나중에 발견할 수 있어서 그것의 무근거성을 알아차리는 것은 몹시 어려운 일이다.(확실성 166절) 정당화를 위한 근거도 없이 우리가 배운 것들과 함께 어떤 확실성들을 무조건적으로 삼키거나 받아들인다는 것을 인정하기란 그리 쉬운 일이 아니기 때문이다. 그래서 수많은 철학자들이 빠지게 되는 심각한 질병 중 하나가 바로 이러한 "무근거성에 대한 두려움"이다. 이 두려움은 다름 아니라 우리의 언어놀이와 인식적 실천을 반드시 정당화시켜야 한다는 강박에서 오는 느낌이다. 바로 이 두려움 때문에 너무나 오랫동안 서양철학 안에서 '앎'과 '확실성'을 범주적으로 구분하는 데 실패했고, 확실성을 인식론적으로 이해하려는 철학적 전통과 결별하려 하지도 않았다. 이것이 바로 비트겐슈타인이 생의 마지막 순간까지 수행한 문법적 탐구를 통해 해소하고자 했던 사이비문제이자 치유하고자 했던 철학적 질병 중 하나이다.

비트겐슈타인을 읽고 나서

전 생애를 거쳐 비트겐슈타인이 강조하는 핵심은 철학적 오류를 피하기 위해 우리가 언어를 제대로 이해해야만 한다는 것이다. 철학은 사이비 철학적 문제들을 유발하는 언어적 혼동을 식별해 내고 우리가 이러한 혼동에서 벗어날 수 있게 돕는 역할을 해야 한다. 그렇게 될 때 우리는 지금까지 우리를 곤혹스럽게 만든 대부분의 철학적 문제들이 사실은 진정한 문제가 아니라는 것을 깨닫게 되고, 그것으로부터 자유로워질 수 있기 때문이다. 이렇게 전 생애를 거쳐 비트겐슈타인의 철학관을 지배하는 신념은 '치유'라는 개념으로 요약될 수 있다. 젊은 비트겐슈타인은 독자들이 치유받을 새로운 장소로 옮겨 가도록 사다리 역할을 해 줄『논고』를 썼다. 그는 자신이 만든 사다리를 통해 독자들이 언어의 한계를 제대로 이해할 수 있게 되고, 사다리를 딛고 올라가 도착한 새로운 장소에서 그들이 이미 머물고 있는 곳을 완전히 새롭게 바라볼 수 있기를 바랐다. 반면 원숙기의 비트겐슈타인은 독자들이 방향을 잃고 혼란에 빠져있다고 염려하면서 그들을 다시 일상언어의 단단한 지반으로 되돌려 놓는 것을 사명으로 생각하고『탐구』를 쓴다. 하지만 일상언어의 단단한 지반은 독자들이 옮겨 가야 할 새로운 장소가 아니라, 그들이 이미 머물고 있는 바로 그곳이다. 따라서 이제 독자들을 치유하기 위해 새로운 곳으로 옮겨 갈 사다리는 필요 없다. 그들에게 필요한 것은 이미 머물고 있는 곳을 새롭게 바라보게 하는 것이다. 비록 결은 다르지만 전·후기 비트겐슈타인의 출발점과 목표는 이런 의미에서 맥을 같이한다고 볼 수 있다.

치유 활동으로서의 철학을 하면서, 비트겐슈타인이 다룬 많은 주제들은 아직도 현대 철학에서 다양한 논쟁의 중심에 놓여 있다. 물론 어떤 경우는 비트겐슈타인의 입장과는 독립적으로 발전된 논쟁도 있지만, 많은 경우 직간접적인 그의 영향

아래서 이루어진 논쟁이다. 하지만 정작 비트겐슈타인이 살아 있다면 아마도 자신의 아이디어가 오늘날의 논쟁에서 사용되는 것을 못마땅하게 여겼을지도 모른다. 그는 철학자들이 철학적 문제들을 마치 질병처럼 다루기를 바랐지만(탐구 255절), 상당수의 철학자들이 철학적 문제들의 원천과 본성, 그리고 그 문제들을 해소하려는 치료적 철학관에 관한 비트겐슈타인의 신념을 이해하고 수용하면서 그의 사상을 논쟁에서 활용하는 것이 아니기 때문이다. 실제로 많은 현대 철학자들은 모든 철학적 문제들이 언어적 혼동에 기초한 사이비 문제로 단지 해소해야 할 것들이라는 비트겐슈타인의 주장에 동의하지는 않을 것이다. 그래서 그들은 그의 철학적 통찰을 높이 평가하면서도 그의 바람과 달리 철학적 문제들을 진정한 문제로 여기고 자신들만의 고유한 이론들을 세우면서 비트겐슈타인의 통찰을 발전시켜 나아가려 한다. 비트겐슈타인의 신념을 수용하느냐의 여부와 상관없이 우리는 그의 철학이 주는 가장 중요한 교훈을 절대로 잊지 말아야 할 것이다. 그에게 나쁜 철학은 무의미한 철학적 문제들을 만들어 우리들을 곤혹스럽게 하지만, 좋은 철학은 최소한 무의미한 사이비 철학적 문제들을 가려내고 사라지게 함으로써 그것들로부터 우리가 자유로워지도록 돕는다.

비트겐슈타인의 철학의 목표는 언어의 명료화 작업을 통한 치유 활동이다. 따라서 철학이 이 목표를 성공적으로 이루게 되면 철학적 문제들은 완전히 사라지고, 더 이상 철학할 필요가 없어지게 된다.

진정한 발견은 내가 원할 때 나로 하여금 철학하는 것을 그만둘 수 있도록 만들어 주는 것이다. 철학이 더는 스스로를 문제로 삼는 질문들에 의해 채찍질 당하지 않도록 철학에 휴식을 가져다주는 것이다.(탐구 133절)

결국 전·후기 비트겐슈타인을 관통하는 가장 핵심적인 특징은 반철학적 사유이다. 철학이 전통적으로 세계에 관한 이론을 정립하려는 학문이라면, 이제 모든 이론은 사라져야 한다. 비트겐슈타인은 철학을 "우리의 언어라는 수단을 통해 우리의 지성에 걸린 환상에 맞선 하나의 투쟁"(탐구 109절)으로 정의한다. 그의 전기 철학의 '그림' 아이디어와 후기 철학의 '언어놀이' 아이디어는 모두 이러한 철학을 위해 비트겐슈타인이 개발한 도구들이다. 그리고 이 투쟁의 결과는 더는 무의미한 철학적 문제로 곤혹스러워 하지 말고 전통적인 의미의 철학을 끝내는 것이다. 실제로 『논고』를 쓴 이후 그는 상당 기간 철학을 그만둔다. 다시 철학하기 시작한 후에도 그는 직업 철학자로서 사는 것을 혐오했고 강의를 들으러 오는 학생들에게 철학 공부를 그만두라고 권하기도 했다. 심지어 유명 대학의 교수가 된 제자에게 학생들을 속이지 않기를 바라지만 그것은 거의 불가능하니 부디 교수직을 그만둘 힘을 갖기를 바란다고까지 말했다고 한다. 비트겐슈타인 자신도 1939년 무어가 케임브리지대학교의 철학 교수직을 사임하자 후임으로 임명되지만, 제2차 세계대전이 일어나자 병원에 자원봉사자로 지원해 활동했다. 전쟁 중에 대학교수로 있는 것은 옳지 않다고 생각했기 때문이다. 그는 1944년 다시 케임브리지로 돌아오지만 그만둘 것을 벼르다가 1947년 단 8년간의 교수 생활을 청산하고 은퇴했다.

하지만 역설적으로 비트겐슈타인은 암으로 사망하기 직전까지 철학적 문제들과 씨름해야 했다. 왜 그래야만 했을까?

그가 파괴하고자 했던 것은 철학 자체가 아니라 오직 언어적 혼란이라는 허술한 토대 위에 세워진 '사상누각들'이었기 때문이다. 따라서 비트겐슈타인은 그것들이 서 있었던 언어의 토대를 끊임없이 청소해야만 했다.(탐구 118절) 물론 언어에 대한 혼란과 오해를 모두 제거할 수만 있다면, 철학은 더 이상 필요 없겠지만 우리가 언어를 사용하는 동안에 이런 일은 결코 발생하지 않을 것이다. 그래서 비트겐슈타인을 읽을 때, 우리는 거기에 치유로서의 철학과 건설적인 논쟁으로서의 철학 사이의 긴장이 있다는 것을 볼 수 있어야 한다. 철학적 문제들과 맞닥뜨리지 못한 사람은 충분히 사색적일 수 없다. 철학적 유혹에 대한 치료는 우리가 사용하는 낱말들의 고향인 일상적 언어놀이의 진가를 알아보고 음미할 수 있게 해 준다. 하지만 이러한 과정은 결코 단 한 번에 온전히 완성될 수 없다. 그것은 언어 형식들에 대한 오해로 발생한 사이비 철학 문제들이 단순히 피상적이고 사소한 오류로 발생한 것이 아니라, 그 자체로 "깊이 있음"의 성격을 지니기 때문이다.(탐구 111절) 어쩌면 이런 이유에서 평생 치열한 철학적 성찰을 끊임없이 이어간 그가 다음과 같은 말을 남겨야만 했을지도 모르겠다.

> 철학적 문제는 다음의 형식을 지닌다: "나는 (내가 길 길을) 훤히 알지 못한다."(탐구 123절)

> 언어는 미로다. 당신이 어느 한쪽에서 오면 (가야할 길을) 훤히 안다; 당신이 다른 한쪽에서 같은 곳으로 오면 더 이상 훤히 알지 못한다.(탐구 203절)

세창사상가산책 22 │ 비트겐슈타인